余

心理

有力量系列

三余
心理
自有力量系列

唤醒内在力量

缔造关系花园的秘密

王勇刚 著

中国法制出版社
CHINA LEGAL PUBLISHING HOUSE

推荐序1

在亲密关系中成长

生物从单性繁殖到双性繁殖的进化是一项绝妙的生命设计，因为这样带来的优势基因的组合和变化，不仅可以避免物种的灭顶之灾，而且可以探索出无限可能的进步空间。

至于后来由卵生到胎生的演变，我们无从评价其优劣。好处是后代质量提高了，坏处是繁殖数量下降了。当然，生存才是硬道理。在今天这样一个卵生和胎生生命共存的世界里，我们不能说谁输谁赢。

但是，生孩子数量减少，新生儿发育期延长，就使父母开始进行越来越多的亲代投入。这种投入是以牺牲个体生存利益为代价的，这种反本能的事必须有奖励机制才能维系，所以哺乳动物拥有了情绪、情感。千万不要觉得只有人才有感情，其实哺乳动物都有。原因在于，和鱼妈妈比，猪妈妈实在生得太少了。只有爱才能把孩子养活，才能维持哺乳动物的生存。感情，是为孩子付出、为种族生存的奖赏品。

人类的孩子繁殖数量低、养育时间长，生儿育女真是一种耗时费力的活儿。人类能繁衍数百万年，还能形成几十亿之众，真是地球生物史上的奇迹。

细想来，人类成功只有一个秘诀，就是亲情、友情、爱情三情投入，方得始终。没有父母之爱、家族之爱、亲戚之爱，孩子就活不下来或者活不好。没有学友、工友、战友的支持和帮助，就难以顺利开展工作。没有相濡以沫、相知相守，就无法白头偕老。所以，人类的生生不息，就是亲情、友情、爱情的生生不息。

可是，现在问题来了。从氏族部落到四世同堂，从主干家庭到核心家庭，从村庄生活、大院文化到丁克家庭、单亲家庭，再到移民家庭和漂一代，亲情渐渐淡了。

升学、留学、择业，同学天各一方，同事天南地北，战友五湖四海……友情，只剩下朋友圈的点赞之交。而朋友圈，一直在不停地变化。再亲近的朋友，10年后，还有几个能留在我们的手机里？

而伟大的爱情也阻挡不了离婚率的攀升。离婚率居高不下，结婚率、生育率也是连连下挫。

钱锺书先生曾说，婚姻像一座围城，外面的想进来，里面的想出去。现在，有的人已经在婚姻的围城里杀了几进几出。旁边的人观战久了，也觉得城内城外皆有凶险，干脆背个帐篷，转山去也。眼看着亲密关系的花园里残垣断壁、杂草丛生，许多爱情婚姻的善男信女在其中痛苦煎熬。一些专注情感家庭的心理咨询师应运而生，希望能够拯救一些苦苦挣扎的灵魂。

王勇刚就是其中一个。

首先，他自己就是一个入坑者。王勇刚、谭祖燕夫妇是一对才子才女，又是同学恋情，是那种听起来很美的爱情故事。但是一过起柴米油盐酱醋茶的生活，什么说书人、观照佛就统统退后，“吐纳虫”“警戒蛇”“欢喜猴”接管了家长里短。所以，在本书中，你可以听到作者一直在现身说法，他的故事其实也是你的故事。

其次，他是一个看见者。这个世界上的事，最怕的就是盲人瞎马临深池，脑袋里还想着童话故事。一般人掉到坑里，要么指责对方，说都是对方的错；要么自我谴责，怪自己当初瞎了眼；或者干脆找个机会，挖个洞逃之夭夭。但王勇刚不是一般人，谭祖燕也不是。他们用心理学做砖头，一点一点地抬高自己，看见天空，走向坦途。所以，读者也可以通过作者的眼，看见他的看见。

最后，他是一个助人者。王勇刚本来是一个企业管理者，现在变成了一个专业的心理师。就是因为他对自己有更深的觉察，对亲密关系这座大花园有了更多的发现。这座花园，很多人进来，很多人迷路，很多人掉坑里。见得多了，王勇刚就想做个导游，给别人讲讲关系花园里的方位景观、大路歧途，哪里有深坑，哪里有出口，早一天看见，就少走很多弯路，少掉入几个坑。

所以，希望大家把这本书当成一张导游图，或者一份关系攻略，在里面能够看见关系花园的全貌，也能看见自己的位置。然后，开始你的亲密关系之旅吧，祝愿旅途愉快！

贺岭峰

上海体育学院心理学院教授、微笑主义联合创始人

推荐序2

在关系花园中激发心的进步

一翻开勇刚的新书，好像时光倒流，不由得想起十几年前第一次读到《懂得爱：在亲密关系中成长》的中译本时的情景和感受。我们常常认为爱与亲密是非常私人和个性化的，也是带着这样的无明在关系中进进出出，也许对象一换再换，来回反复的轨迹回头看来，并无新意。书的作者是加拿大海文学院的两位创始人，他们亲身践行，将亲密关系的春夏秋冬、起承转合，特别是权力争夺期、整合期和共同创造期的心理动力娓娓道来，带来全新的视角和洞见。记得当时读到心醉，还买了十几本送给身边的朋友，自己读外加送人还不过瘾，又组织了读书会，每周一起阅读讨论和分享。

在这样反复的深度阅读，以及读书会的分享交流过程中，我们逐渐意识到该书由于是从英文翻译过来的，里面有一些理念和分析比较简略、抽象，特别是对于缺少心理学基础或者没有接触过心灵成长的朋友来说，会有一种雾里看花的感觉，看书的时候很兴奋，一旦开始结合自己的生活去应用和实践，就有一些不知从何着手的茫然。时间长了，阅读之始的兴奋劲儿淡了，就又一次被自己多年累积的惯性和习气所裹挟，在平常生活的沉浮中挣扎。

勇刚的新书，在我看来，有三大亮点：

第一是接地气的本土化案例。勇刚亲身参与、体验海文学院的训练，并作为导师在国内授课多年，书中一个个鲜活的案例化解了原来英译本《懂得爱：在亲密关系中成长》中理论的抽象和骨感，让人阅读的时候可以感同身受，与之产生共鸣。

第二是丰满的感受和细节。作为一个中年男性，王老师真是少有地充满觉知和自我解剖的勇气！他以自我为原点，分享个人成长的心路历程，还有和夫人每一个情感阶段充满张力的碰撞与融合，无不体现着两人视亲密关系为人间修行，相遇相知相伴相爱，是一种愿望和期待，那些敢于敞开自我的真实与脆弱，永远是向内、向深处生长的灵魂，能够品尝到至爱的滋味。

第三是多年累积的实操经验的无私分享。勇刚除了把原理结合案例掰开揉碎了给读者，还无私地呈现了多年授课的经验和心得。每一章之后都有引导的互动练习和问题，叩开阅读者的心扉，邀请正在读书的你我进入更加私密开阔之地，那里可以让心安放，真实地面对自己，而安静思考之后得到的答案是一味良药。

生命在于分享。通过教学和文字，行动与智慧并行。将海文学院的精神活出来，这是勇刚带给我们的一份礼物，希望接引更多的伙伴在关系花园中不断激发心的进步。

任　月

美国加州整合学院中国项目负责人

中国社会心理学会下属整合心理学会委员

东西方心理学博士候选人

推荐序3

从“秘籍”走向大众

加拿大著名华裔心理医生兼学者黄焕祥（Bennet Wong）与加拿大医生麦基卓（Jock Mckeen）于20世纪70年代在温哥华相识，在时光中彼此磨合，此后两人决定共事。

黄、麦二人认同存在主义观点，认为对于死亡和生命无常的恐惧与焦虑，是人的基本存在状态。而亲密关系，则是协助人们与存在性焦虑相处，并超越这种人生根本焦虑的最佳道场之一。他们以彼此之间的关系为人性实验室，研究出覆盖亲密关系各个方面的规律与学问。

虽然黄、麦二人从未用“秘籍”二字来形容他们在亲密关系领域里修行的发现与启示，但我自己非常乐意并且有把握用“秘籍”二字来形容他们的成果。因为，没有阅读过《关系花园》（大陆版）这部黄、麦二人亲密关系修行结晶的著作，或者没有上过海文学派课程的大众，在阅读了该书或者上了海文学派课程以后，都表示受益匪浅。

他们中的很多人说，黄、麦的思想和海文课程对他们洞察和矫正自己生命模式与亲密关系模式大有裨益，是对他们人生的新启蒙。如果“秘籍”意味着某些未知事物在其本质被揭示后对于人的命运产生了启示与转化作用，那么用这个词来形容黄、麦二人对于亲密关系的深层本质与演进规律所获得的发现，是恰如其分的。而我个人的经历，则更让我相信“秘籍”二字的分量。

自从1992年接触与专业性学习海文心理学以来，我每隔四五年就会重读一遍《关系花园》。每次阅读，我都有新发现、新体验和新印证。随着在关系中修炼自己，随着年龄与阅历的增长，我对于黄、麦二人在亲密关系以及广泛的人生议题中的理念与总结的印证愈加深刻。比如，对于他们整合出来的“关系发展的五个阶段”中的“权力争夺期”和“整合期”，我会每隔一定时间去观照自己的权力争夺模式和在整合阶段我自己需要做的功课。每一次观照，我都会对自己在不同人生阶段里权力斗争的潜意识驱动“秘密”有新的发现。每次的潜意识驱动上升成为意识，驱动力的负向性作用就会转化，我就收获了新的成长。

但让这个“秘籍”成为适应一般中国人的干货，还差一步！这一步，就是配合王勇刚先生的新著来阅读《关系花园》原著和黄、麦二人已经翻译成中文的其他著作（《懂得生命：在自我探索中成长》《懂得爱：在亲密关系中成长》[1]《懂得健康：在自我探索中疗愈》《存乎一心》）。

我这样说的原因有三：

① ［英］麦基卓、［加］黄焕祥：《懂得爱：在亲密关系中成长》，中国法制出版社2019年版。

第一，黄、麦二人是学者出身——黄焕祥精于西方经典精神医学与哲学，麦基卓是西医出身却成为他那个年代探索中医与道家精神的先驱。两人具有理论家和哲学家气质，在叙事时重推理演绎。因此，其著作风格位于经典理论著作与通俗文化著作之间。与市面上流行的个人成长书籍相比，其更具理论色彩，再加上翻译语言所形成的与读者的距离感，对于不少人来说，读起来会有些吃力。

第二，他们所有的著作，都是在为了上课的受众而撰写的讲义基础上编撰的。一些特有的词汇与概念，本来是在课程中需要专门讲解的，而这对于没有上过课的受众来说，理解起来会有些困难。

第三，原著中的生活场景和人物，以及引经据典的源头，都是西方背景，因此，国人读起来通常会有隔阂感。

而本书成功地突破了上述限制。勇刚善于反思，有长期的课程带领经验，也有对于中国学员学习角度与习惯的深刻了解。因为他对黄、麦思想有透彻的领悟且在海文课程浸润中有实际的体验印证，所以他对于《关系花园》和黄、麦思想的解读非常到位、精准，对于用怎样的语言和角度来向读者和听众“输出”他的解读，把握得恰如其分。

勇刚在书稿完成后，邀请我写序言。出于对勇刚才华与为人处世的欣赏，我毫不犹豫地应允了。但在阅读之前，我并未产生过特殊的期待。开始阅读后，我便越读越惊喜！我发现，勇刚精准地领会了黄、麦二人的理念与思想，而且他的文笔如行云流水般优美，读来令人享受。书中举例都是贴近我们生活的家长里短，或者是中国人所熟悉或正在其中挣扎的典型性亲密关系事例，通俗易懂，饶有趣味。

在中文语境里，他娴熟地将黄、麦深邃的思想深入浅出地阐述出来，大大加强了这两位海文亲密关系学创始人的亲和力与魅力。勇刚书中的风格也是浓郁的海文味儿：个人化！他拿自己说事儿，用自己的实践印证黄、麦思想。更为可贵的是，书中的每个章节结束时，他还布置了练习来协助读者加深理解。我相信，经过勇刚的解读，黄、麦二人的思想会流传得更广，他们的原著价值也将提升，得到更为广泛的阅读与传播。

作为第一个学习海文心理学的中国人和海文学派在中国传播的开拓者之一，我认为，本书的问世是海文学院在中国传播的一大幸事。感谢勇刚！

冯　铮
加拿大海文学院资深导师
中国海文学院联合创始人
中国海文学院心理咨询师专业班督导

自序

关系亲密的秘密

本书的构想，缘起于我在加拿大海文学院国际心理咨商专业班的学习。加拿大海文学院创始于1983年，特别注重人际关系，强调入世责任、踏实的生活和社会参与，集东西方哲学和心理学之大成，又称“海文学派”。海文学派鼓励人从物化中重新回归心灵与个体，同时珍视他人与环境，做自我、他人与环境整合的“全人”。

我们的生命历程，就是一个持续经营不同人际关系的过程，例如婚姻、原生家庭、亲子、友情、事业和工作等关系，这是由我们的社会属性决定的。关系，既是人性的道场，也是在红尘中修行的最好方法和途径。

你可以把所有这些关系看作一座美丽的大花园，这个关系花园需要你懂得如何经营才能四季长青，鲜花盛开。我们总是很难做到一直让自己的关系花园生机勃勃，甚至很多人的关系花园总是杂草丛生，凋敝破败，这一点我自己也曾深有体会。

我和太太是高中同学，称得上青梅竹马，我追求了她10年。曾经有人问我，这辈子最自豪的事情是什么？我脱口而出，娶到我太太！我曾经以为，从此生活理应一直浪漫、甜蜜。2000

年儿子出生后，婚姻中的两人世界多了一些因素，生活不再是只有浪漫与激情。平凡的日子里我开始慢慢地抱怨她的不可理喻，对我不再信任；她同样指责我的自以为是，对她不尊重。我们彼此间多了评判对方好坏对错，却少了在当下去感受与理解对方！

从2003年到2004年，我觉得自己无奈得都要抓狂了，难道婚姻真的是爱情的坟墓吗？要不然我们明明彼此相爱，却为什么相互给对方压力以致产生喘不过气来的感觉？我自己越来越烦躁，太太越来越压抑，我好像看见我们的爱情之花开始枯萎！我很难过，这不是我想要的结果！可是自己好像陷入了一个死循环，做什么都没有更好的效果，甚至做什么都是错的！

在此后长达几年的时间里，我们始终在关系中经历“亲密—争执—冷战—责任—亲密”这样一个循环，慢慢地把焦点都放在日常的家庭琐事上，越来越少有亲密且深度的沟通，看似平静的生活下潜藏着很多无奈与麻木。我们的关系花园越来越单调，缺乏生机与活力。

所幸从2011年开始，我和太太先后开始学习如何成长为更好的自己，开始对各自的内在有更多的探索，对于对方也有了更多的好奇。我们开始愿意尝试冒险，沟通彼此内在的真实感受，向对方表达自己内在最真实的期待和渴望，不再只是用自己的标准评判和要求对方。

当然，在这个过程中我们还是很容易回到自己原有的模式中，不过我们开始及时喊停，然后回到我们最初的出发点。慢慢地，生活中重新燃起激情、信任、亲密、欣赏、包容和对彼此的支持，我们的关系花园越来越美丽、越来越多姿多彩。

从2015年开始，我从事个人和组织的心智成长与关系发展教育培训，每次在工作坊里都能听到很多学员分享自己的人生故事，他们内在都渴望让自己的关系花园更加健康、和谐。通过在工作坊中学习如何唤醒内在力量，可以让各自的关系花园重新生机盎然。

“我们能看到一个关系和谐的世界，在这里每个人都对自己和自己周围的环境负责，在这里每个人的生命都将充满尊严、尊重、好奇心和慈悲心。”这是海文学派的愿景，也是我所相信的，我定义自己为海文精神和文化的分享者与传播者。当看到一个个生命通过唤醒内在力量开始发生转变，开始带来各自生命中更加美丽的关系花园时，我感受到自己的精神也越来越丰盛、富足。

撰写本书文稿时，不巧新型冠状病毒肺炎疫情暴发，病毒肆虐全球，我们在这巨大的灾难面前不得不选择自我隔离。这次疫情让我们每个人面临着巨大的考验和未知的风险。不过，换一个角度，从更长久的时间和更深广的范围来看，疫情让我们停下来，回到关系中真正地体验珍惜和陪伴，让我们有机会真正地安静下来回归内在。同时，这又何尝不是大自然对人类的一次警告或提醒，让我们珍视与自然的关系？

我的愿景是支持更多的人活出内在力量，经营好自己的关系花园，在关系花园中走向亲密，在亲密关系中自我成长。在这个花园中，有我们和自己的关系，有我们和他人的关系，也有我们和整个环境的关系，甚至有我们和整个宇宙的关系。这些关系的共同发展，才构成一个更大维度的完整的关系花园。

本书的完成，特别感谢我的太太谭祖燕和儿子王泽睿，他们是我生命中最重要的两个人，是我的生命不断成长和超越的动力源泉。和他们的亲密关系总是能让我对自己有更多的发现和探索，让我感受到自己的生命是完整、真实的。

我还要感谢我在海文学院学习的过程中，所有那些以生命示现人生哲理的老师和助教，你们的坦诚让我看到真实的力量，引发我生命深处的长久共鸣。这本书中阐述的很多观点，都来自我在海文学院的学习，来自黄焕祥老师和麦基卓老师的智慧。我想说，可以把这本书看作我在生活中的实践记录，看作我分享的对海文学派理论印证的故事合集。

我要特别感谢贺岭峰教授、任月女士和冯铮老师，他们的推荐序为本书增色不少。贺教授曾为我的第一本书《点亮心灯：活出人生赛场最好的自己》作推荐序。本书撰稿期间适逢贺教授作为微笑主义整合心理学联合创始人，为我国的心理咨询师建立免费督导学习群体，他在百忙之中仍抽出宝贵时间给予支持。

任月女士与我素未谋面，经我海文学院的同学方瑛推荐欣然执笔，行文流畅真挚，倍感亲切。冯铮老师作为加拿大海文资深导师及中国海文联合创始人，我和他的联系始于他给海文专业班学员的慷慨督导，他学识渊博，平易近人，谦谦君子，虚怀若谷，他对海文精神和思想的精准剖析，一直是我践行和推广海文理念与精神的榜样。

感谢中国法制出版社的李佳老师，作为本书的编辑，给予我很多中肯、宝贵的意见，甚至不乏挑战。正是她的高要求，让我有信心在略显平庸的初稿基础上重塑，才有了这个版本的呈现。

最后，我衷心地祝福每个人可以唤醒并活出原本就具足的内在力量，通过在亲密关系中的实践成长，在关系中更加亲密、幸福；也祝愿我们每个人的关系花园可以一直美丽，充满活力。

王勇刚

目录

第一章
唤醒被遗忘的力量

引言

我们梦想拥有理想的关系和幸福的生活，也渴望成为富有影响力的人。我们一直努力奋斗，追求金钱、名望和地位……尽管我们拥有的东西看上去越来越多，然而生命中依然存在莫名的迷失感，时常能体验到内心的虚无与匮乏。

为了填补内心的焦虑与孤独，我们不断进入各种关系，然而不管如何高朋满座，你热情友善的笑脸下却始终有一道防御的心墙。我们明明内心渴望在关系中创造更多的亲密感，却往往无奈地看到自己在亲密关系中越来越孤立、封闭，失去连接。

很多人认为其原因是自己拥有的还不够多，于是在追求理想、通向荣耀的道路上不停地奔跑。有的人在不断朝目标奋斗的过程中永不知足，逐渐麻木僵化；有的人因不管如何努力都无法达成理想而自恨不已，内心充满抑郁和焦虑；还有的人则将自己的困境归咎于他人和不公，从而心怀委屈与愤怒。

甚至在这条荣耀之路上我们开始自我怀疑和否定：这样的生活究竟有何意义？我是谁？我来自哪里？我去向何处？理想我、现实我和真实我要怎样才能合一？自我、他人与环境该如何才能和谐共存？带着这样的疑惑，在通向荣耀的道路上我们越来越迷茫、纠结和无力。“我不够好”“我不配”等对自我的负向评判不断累积，让我们不断出现各种身体和心理的病症。

正如鸟儿需要双翼才能飞行，我们的生命除了**追求理想—荣耀之路**的**外在权力**，还需要**活出真我—尊严之路**的**内在力量**。我们过往生命中所受的教育与生活经验一直过于强调外在权力，却忽视了唤醒被我们遗忘的内在力量。而后者正是我们获得内心安在，在关系中与他人亲密，与环境和谐共处的智慧。

1.外在权力和内在力量

我们每个人本自具足，内在本来就具备成功所需要的潜能和资源；每个人原本就足够好，可发展为富有感应力、充满活力、能充分展现自我的人。你能将这些潜能发挥到什么程度，取决于你选择用怎样的生命立场与外在世界的人和事物相处。

然而，不管在生命中取得如何辉煌的成就，我们每个人最终都会走向生命的终点，死亡是每个人不可避免的结局。从我们呱呱坠地离开母体温暖的子宫开始，就面临生存的焦虑和死亡的威胁。我们每个人为了克服存在焦虑或根本焦虑的威胁带来的无助状态，发展出一些态度和特性，可归类为两种完全不同的生命立场，那就是外在权力和内在力量。

外在权力指的是一种掌控外在世界人和事物的态度和立场，存在于一个人与外在世界以及与物化的自己的关系里。它的出发点是解决人生中遇到的问题或威胁；目的是通过掌控、掩盖或抵制根本焦虑，从而满足内心确定性和安全感的需求；采取的是防卫、控制、物化的姿态。大多数人不自觉地认为它是最有效的，甚至是唯一的方法，因而终其一生都在累积和把持这种权力、掌控力。

而内在力量指的是一种自信地展示并接纳自我的态度和立场，主要存在于自己，而不是与外在世界的关系中，是对自己所显现的一切特质的接纳能力。它的出发点是迎接生命中的挑战，目的是通过选择冒险面对内在的不确定性和不安全感，从而生发出内在的自信、勇气和力量。一个人在开发内在力量时，更能够感受到与他人的亲密感。(关于“外在权力”和“内在力量”，在加拿大海文学院创始人黄焕祥和麦基卓的经典专著《懂得生命：在自我探索中成长》中有详尽、专业的阐述。)[1]

不幸的是，大多数人在生命中往往是非黑即白的态度和选择。事实上，无论是外在权力，还是内在力量，在我们每个人的生命中都有其存在的价值和意义，在生命的不同阶段都有其存在的必要性。然而，现实中我们往往容易进入一个非此即彼的选择误区，认为鱼和熊掌不可兼得。

因此，大多数人过往在生命中对于运用和追求外在权力非常熟悉，往往会选择轻忽内在力量。而很多人在开始个人自我成长之后，往往反其道而行之，过分强调内在力量，贬低或否定外在权力的运用。事实上，在任何情境中人都有不同程度的对立面，我们要学习的是根据不同的情境去调整外在权力和内在力量的比重，然后在态度和行动上带着自我觉察与觉知，自由地在两端之间移动。

在我带领的“唤醒内在力量”线下团体成长工作坊中，我

① [英]麦基卓、[加]黄焕祥：《懂得生命：在自我探索中成长》，中国法制出版社2019年版。

常常会用音乐播放机的音量调节举例：如果你听的是电音、摇滚乐，你需要把音量调得大些；如果你听的是小提琴演奏的小夜曲，则需要把音量调得尽可能小些；如果你听的是流行音乐，则只需把旋钮调到正常音量位置即可。在生命中，我们需要做的是，当唤醒自己的内在力量后，能够游刃有余地在外在权力和内在力量之间切换频道。

前不久，我和我的好朋友“仙女”在电话中分享各自的近况，由于共同的海文学院学习背景，我们的分享都很坦诚，彼此之间的感受很温暖。听得出来，她憋了一肚子话要一吐为快，没说几句就忍不住开始抽泣。她原本是个淡定从容、磊落大方的人，在自己的行业里也早已功成名就，这些年重心放在追求个人灵性成长上，把自己修炼得愈加仙气飘飘。

一直以来她都很善于发现并学习他人身上的闪光点，加上她真实、坦诚的个性，她的身边有很多朋友。她对待朋友一向很真诚，总是想着别人的好，也不愿意花时间和别人聊那些负面的东西。她说，最近在自己身上发生了一些事情，让她觉得自己太不成熟了。她认为自己的成熟度与年龄太不匹配了，对自己现在的智慧很不满意。隔着屏幕，我感觉到她内在深深的失落感。

现在她的内心很纠结。最近几年她很渴望活出真我，也很享受一直以来这种活出真我状态的感觉。但是最近半年来，她这份纯粹的“真”，让她连续付出了很大的代价。

我对“仙女”分享我的看法，我认为她现在经历的痛苦，是一个新的穿越的起点，是新的成长的开始。过往“仙女”的另一面是“女战士”，只不过她选择不再活出原有的“女战士”的那一面。真实是一种内心状态的选择，而非一种普遍适用的行为模式或人生目的。我期待看到，未来她能在“仙女”和“女战士”的角色之间自由切换。最后我邀请“仙女”探索一下，在她这种不设防模式的背后存在什么信念?

她看到自己在潜意识中认为，“盔甲”（防卫）是不好的。她希望通过自己的存在，让别人对这个世界多抱有一些信心，不至于对这个世界那么失望。她也看到自己过去几年一直把生命的重点放在感受过程中，没想到也不在意会有什么结果。她的分享让我很感动，我很欣赏她对生命慈悲的出发点，以及对自己敏锐的觉察。

在我们每个人的生命中，任何模式的存在，既有好处，也要为之付出代价。一个模式之所以形成，往往是因为过去这个模式带来的好处大于代价。模式没有好坏对错之分，重要的是在正确的范畴运用正确的模式，这是智慧。正确的范畴有两层意思：第一层意思是当下出现的每一个不同的范畴；第二层意思是在这个基础上为自己做出选择，有些范畴你是不需要进入的。

“仙女”补充了两点，一是对自我固有模式的觉察，二是自我认知的提高，这样才能做到在正确的范畴运用正确的模式。认知层面的提高，就和生命的成长分不开了。我完全同意她的看法，这就是我现在所带领的“唤醒内在力量”工作坊的意义所在，它让我总是能够在生活中充满热情和喜悦。

最近几年在工作坊中，我总会听到类似“仙女”这样的故事，有不少学员因为自我成长的目的开始学习心理学后会进入一个误区，慢慢地变得越来越在乎满足自我个人感受，把自我成长完全等同于说自己想说的，做自己想做的，而忽略自我与他人、环境的和谐，往往会把注重自我与他人、环境的和谐等同于牺牲自我。有的人甚至因此失去生活的热情，变得越来越孤立、封闭甚至遁世，放弃自己社会化角色的责任和义务。

我相信生命真正的成长，包括自我觉醒和发展，是在生命中每个不同的当下自我外在权力和内在力量两种生命立场的平衡使用，是在自我社会化角色与个体化真我之间的自如切换，正如太极的阴阳八卦图的变化一样。如此，我们的生命开始流动，不再固着，充满灵性、美与力量，我们就能遇见更好的自己，并与对方在关系的相遇中彼此成就。

2. 在关系中唤醒内在力量

我相信，我们的自我成长不应沉溺于外在权力或内在力量的任何一端，个人成长应该立足于一种实际的载体关系，只有扎根于社会化关系中的个人成长才是真实且有意义的。

我们人类的社会属性，决定了关系是社会生活的基础，我们的社会活动建构在各种各样的关系之中，我们在不同的关系中取得各个范畴的人生结果。常常听到很多朋友分享，上课学习的时候觉得收获满满，准备回到生活中大展拳脚，结果离开课室不久，就会回到自己原有的舒适区，被生活的洪流打回原形。久而久之，有些人得出一个结论：学习没用！究其背后真正的原因，往往脱不开独自摸索、闭门造车，而没有真正在生活中通过与他人的关系互动去扎实地践行。

我个人很认同一个观点：关系是人性的道场，在关系中成长，也是我们在生活中修行的最好方法和路径。我们每个人的生命历程，就是一个持续经营各种关系的过程。每个人的一生中存在各种各样的关系，例如婚姻关系、家庭关系、亲子关系、事业和工作关系、合作伙伴关系、友情关系等。如果从一个更加全面的角度来看待关系，其实关系不仅仅是指你和对方的关系，还包括你与自然、环境万事万物的关系，以及与你自己的关系。

我们也可以借由自己在关系中的自我觉察与觉知来成长、发展自己，尤其是在亲密关系中。因为，亲密关系是所有关系中最核心、最重要的。正如克里希那穆提所说："你是在关系中，在与你的妻子、与你的丈夫、与你的兄弟和他人的关系中发现自己，而不是在与世隔绝和遁世退隐中发现自己。"

有一次在工作坊中，一个女学员分享她的困扰，她和男朋友交往三年了，但男朋友从来不在微信朋友圈发两个人的合影，也很少带她参与他朋友圈的社交活动，她不确定这个男人是否真的如他所说的那样爱她？她为此和对方争吵过，也分手过。他们目前还在恋爱关系中，但是不管她怎样要求，对方依然如故，不愿改变。为此，她觉得自己的需求没有被对方重视，在关系中的自我价值感很低，非常难受、纠结。

她问我该怎么办。我很坦诚地告诉她，我无法为她做决定，因为那是她的人生，不过我可以站在我的角度谈一谈我对此的理解。我们没有办法改变任何人，正如我们不愿意被别人改变，所有真正的改变都是发自内在的自觉选择，而非关系中的控制。在关系中，先对对方好奇，会比控制、要求对方改变更行得通。向对方坦诚地分享自己的感受，并验证自己的想法，会比评判或指责更加有效。

在我看来，在伴侣关系中如果男人对女人足够重视和在乎，是愿意为她做出改变的，不过这种改变往往是主动选择，而非被迫服从于外在权力。如果女人有足够坚定的立场和清晰的界限，男人是能够接纳并允许女人提出要求的，而这与你的内在力量有关。当然，前提是对方收到你的坦诚和你愿意呈现的内在的脆弱，而非你的伤害、控制和指责。你只能去影响对方，但你无法改变对方。

我和我太太是高中同学，经过10年的恋爱再进入婚姻殿堂，我们的关系发展正是一个不断螺旋扩展上升的轨迹。我们在关系中的成长离不开她的立场，离不开她对自己立场的清晰表达。我看到在我们的关系里，当她愿意真实地呈现内在脆弱，分享真实的感受，而不是控制或指责时，我会重视她并在乎她的感受，我很愿意聆听她分享期待和需求。

当我这样做的时候，我发现她对我聆听的需求，其实大于满足她的需求。当她不是以改变我为出发点，而是对她的感受和自我期待负责时，她的需求、立场和原则反而更能让我收到，我也会坦诚地分享我的感受和需求，并选择基于共同的亲密关系愿景和家庭愿景而做出改变。我能够被她影响，但是不愿意被她改变。

我们也曾经有过很多冲突，包括停留在权力争夺期很多年。我也深切地感受到这种冲突和权力争夺带给我的煎熬，特别是在2003—2004年，我真的很痛苦。我时常想，难道婚姻真的是爱情的坟墓吗？那时候我们的关系中没有其他问题，我只是抗拒被她控制的感觉，不愿意被她要求而去做出改变。

我的信念是，如果我做出改变就代表我被你控制，我失去自由，我是错的。同时，我也意图控制她为我改变。后来我看到，其实更多的是因为我内心的自我太强了，我感觉到自己在这种相互控制的游戏中越来越失去热情和活力。

然而，现在我们的关系已不再将重点放在争辩对错上，不再试图控制和改变对方以满足自己内在的安全感，开始承认并接纳彼此的差异，以更宽广的心胸对待彼此。我们愿意更多地自我负责，对自己和对方诚实，愿意彼此坦诚地分享更多的内心感受和想法。

我们在关系中彼此既有自由又保持连接，愿意基于双方共同的愿景持续成长，改变自己。尽管从1988年相识至今已逾30年，我们是彼此人生中最熟悉的老朋友，同时，彼此的坦诚与靠近，能让我们即使每天在一起也能感受到浪漫、甜蜜的时刻。

我们每个人的人生其实就是一个不断唤醒内在力量的旅程。我这几年来一直在带领“唤醒内在力量”工作坊。通过工作坊的学习，很多人重新焕发出生命中的力量与热情，变得越来越自信，在关系中越来越亲密，在事业上越来越成功，在生活中越来越幸福。

要通过在亲密关系中的实践来唤醒内在力量，需要我们清

晰关系中的愿景和目标，始终保持更深的自我觉察与觉知，承认并接纳彼此的差异，放下对彼此的成见与期待，愿意在关系中冒险挺身向前去呈现内在脆弱，并愿意选择自我负责的态度和行动，尊重彼此的界限，活出真实的自我，同时能欣赏彼此的坦诚与挺身向前，在关系中保有好奇心和幽默感。

当下的**自我觉察与觉知，承认与接纳，呈现内在脆弱，自我负责**，将帮助我们踏上一条能够真正唤醒我们内在力量的道路，一条将理想我、现实我、真实我合一的尊严之路，一条活出重视自我、他人、环境整合的“全人”之路。

结语

内在力量和外在权力，是我们面对外在世界的两种不同的生命立场，两者之间没有好坏对错。两者之间并非矛盾对立、无法共存的，在我们生命成长的过程中，它们都是必不可少的存在。

在过往的人生中，多数人习惯于运用外在权力来实现掌控的欲望，忽视或遗忘了内在力量的存在。在生命的每个当下，我们无须做出非此即彼的选择，而要学会在不同的情境中在两者之间自如地切换，平衡比重。

基于命运共同体的考量，我们应最终实现自我、他人和环境的整合。因此，我们唤醒内在力量，可以在关系中创造亲密，而发展亲密关系，又可以帮助我们唤醒内在更强大的力量，这会是一个不断扩展的正向循环。

练习

阅读完本章后，请思考以下问题：

（1）你是否时常会感受到内在的焦虑？你认为这背后的原因是什么？

（2）你看到自己在过往主要运用哪种生命立场与外在世界相处？这给你的生活带来了什么影响？

第二章

当下的自我觉察与觉知

引言

要通过在关系中创造亲密，活出更多的内在力量，有一种能力不可或缺，那也是一切得以向前推进的关键性的第一步，即在关系中每个当下自我觉察与觉知的能力。

我们很多时候在关系中的应对其实处在一种自动化反应的状态，对当下是失去自我觉察与觉知的，因此往往会让我们在关系中力图掌控或进行防卫。自动化反应的意思是我们每个人都有自己固有的与外在世界的人和事物相处的习惯和模式。

自动化反应会限制我们的心智模式发展，让我们总是限制在旧有的脑神经回路中，用固着的信念和固化的视角看待身边的人与事物，导致我们总是在生活中原地踏步，重复旧有的习惯和模式，扼杀了新的机会和可能性。（关于“自动化反应”，在笔者2019年3月出版的《点亮心灯：活出人生赛场最好的自己》一书中有详细阐述。）

举例来说，过往我在听到太太的抱怨时会很烦躁，失去耐心，甚至会产生莫名的愤怒。原因在于当她抱怨的时候，我会认为她的抱怨与她认为我做得不够好有关，她是在挑剔、指责我，甚至她想要控制我。另外，有时我会认为她是在向我求助，而在我心目中抱怨是无能的表现，我坚信与其抱怨，不如改变。

因此，过往当她抱怨的时候我心里就会很不舒服，往往会教育她，有时甚至话都没听完就直接给她解决方案；或者竭力争辩，证明我是足够好的；很多时候我甚至会转而指责她，宣泄内在的不满。这些都是我在她抱怨时的自动化反应，当我这样做的时候，总是会不可避免地影响到我们关系中的亲密。

而事实上，她抱怨的目的并不总是与我有关，往往也不需要我给她意见或解决方案，很多时候她只是想让我做一个安静的听众，或者给她一个温暖的拥抱。但是，当我进入自动化反应时，我完全失去了好奇心。如果一个人要避免陷入自动化反应，就需要保持当下的自我觉察与觉知。

1. 关于当下及觉察与觉知

（1）关于当下

我们常常被教导，"要学会活在当下"，可是怎样才算活在当下呢？当下这个说法源自佛经的记载，它是最小的时间单位，1分钟有60秒，1秒钟有60个刹那，1刹那有60个当下，所以1秒钟有3600个当下。我们总是幻想永恒，而事实上我们能真正把握的只有当下，当来到这个当下，上一个当下已经成为过去，而下一个当下还没有到来。

当下的意思是此时、此刻、此地，我们绝大多数人平时是很少活在当下的，当然我们也曾有过一些活在当下的体验，比如我们在人生中面临某些关键时刻，特别是紧急危险或紧张兴奋的时刻，当你发现能够听见自己心跳的声音，听见自己喘气的声音的时候，还有你能够感受到浑身起鸡皮疙瘩或者汗毛直竖的时候，就是当下的时刻。

你有没有在生活中经历过这样的时刻？我相信一定有过。当然，我们不能为了活在当下，总是让身体处在高强度紧张或兴奋的状态，那样也不健康。所以，我们需要学习的是，如何让自己的身体处在安静的状态下，也可以做到活在当下。毕竟，在生命中，相较于紧张状态，安静状态才是常态。

那么，怎样才能让我们的身体在安静状态下活在当下呢？要做到活在当下，事实上是很不容易的。让我们的身体回到当下最有效的方法是带着觉察深呼吸。当你这样做的时候，便很快就能让自己躁动的心平静下来，不被情绪和压力控制。

（2）关于觉察与觉知

觉察指的是察觉或发觉，通常是指有意识地观察。而觉知包括觉与知，它是一种个人身心体验，是身与心同时发生的，身心分离者很难体验到。觉知包括因和果两种状态，只有知道有果且知道导致果的因是什么，才称得上有觉知。

有的人能够感觉到自己心情不好，这叫有觉察；但是他并不清楚自己为什么心情不好，这叫没觉知。很多人的常态是有觉察、没觉知的。举例来说，我读高中时，那个时候我太太还没有成为我的女朋友，她是我们班的文艺委员，下午上课前总是站在我的座位前面带领大家唱每日一歌。每次她站在我面前的时候，我能感受到内在很开心，不过不知道为什么。如果她没站在我面前，我会觉得有些失落，我也不知道为什么。直到有一天，她和其他男生说笑，我生气了，发现自己吃醋了，才知道原来我暗恋她很久了。

如果你既察觉到自己当下的感受，又能知道产生这种感受的原因是什么，这就可以称为有觉知。比如，你今天感受到自己心情糟糕，原因是今天早上出门时你和老婆之间发生了争吵，导致你产生老婆不信任我、要控制我这样的想法。你会发现正是你的这个想法，导致了你糟糕的心情。更重要的是，如果能够更进一步觉察，你就会发现，这个关于不信任和控制的想法其实与你老婆无关，这只是你对她的猜测或演绎。看到这个想法与对方无关，这一点很重要。对于这个想法（不信任和控制）与感受（难受）的明了状态，这可以称为有觉知。因此你要做到有觉知，就先要对自我有觉察。

我们过去其实是有觉察的，只是大多数人觉察的方向基本上是对外的，很少对内。举例来说，过去当你在关系中发生冲突时，你是手指着自己的时候多，还是手指着别人的时候多呢？你是琢磨着怎样可以搞定自己的时候多，还是琢磨着怎样可以搞定别人的时候多呢？我在过去和大多数人一样，当我和我太太有不同的意见时，往往我是手指对外指责她，往往在想着我要怎样才能搞定她，摆脱她对我的掌控。

但是最后的结果并不理想，很少有能符合我期待的时刻，往往会导致我们彼此针尖对麦芒，互不相让。我们大多数人的觉察能力，很多时候都被用来玩这种权力争夺的游戏，常常是杀敌一千，自损八百。因此，在关系中只有对外的觉察与觉知是远远不够的，那样更容易伤害彼此。我们更需要对内的觉察与觉知，这才是成就彼此的开始，这就是我们接下来要谈的自我觉察与觉知。

2. 自我觉察与觉知

（1）成为自己的观察者

自我觉察是指个体能够辨别、了解自己的感觉、信念、态度、价值观、目标、动机和行为，并在此过程中，将自我从心智中分离出来当作被观察、审视的对象。

为了更加直观地理解这句话，我请你想象一个画面：你站在原地，你身体里的自我是另外一个你，向前走几步站在你面前，然后你原地不动地观察此刻站在你面前的自我。如果这样还是比较抽象的话，大家可以看看电影《奇异博士》。奇异博士受伤濒临死亡时，在医院里灵魂出窍，指导医生救治躺在手术台上的自己。用一句简单的话来说，自我觉察就是成为你自己的观察者，出离自己并看见自己。

出离，指的是不再执着过去执着的事物，当你不再执着一个事物或一个习惯时，它就失去了控制你的能力，你就获得了自由。执着常常被用来形容一个人的坚定不移，它还有另外一层意思，是指对某一事物固执不放，不能超脱。

我们因为执着，所以往往无法放下。为了让大家能有体验，下面我们来做一个练习。你如果手边有东西，随便什么，用你的右手紧紧地抓住它。来，用力抓住，更加用力，直到用你最大的力气抓住它。此刻，你有什么感受？累、费力、紧张，对吗？有没有发现，抓得越紧，你需要越多的力量，消耗越多的注意力？如果你不放下，就可能发生一种情况，不管去哪里你的右手都要抓着它！

那么我的问题来了，到底是你占有了它，还是你被它所控制呢？好，请继续抓紧，不要松开，再用你的右手去拿另外一样东西。你能办到吗？你会发现如果你把这样东西抓得紧紧的，你就根本没办法去拿另外一样东西。

就像有的人，在关系中不放心对方，不信任对方，想要拼命控制对方。有没有发现，虽然表面上看是你控制了对方，但实际上你也失去了自由。你只有不执着于控制对方，你才能有真正的自由。就像现在你手里的这样东西，你只有放下它，才有空间去拿另外一样东西。因此，你只有先出离自我，才能真正地看见自我。

（2）生命的自动驾驶状态

在这里我是这样理解自我觉察与觉知的，就是保持觉醒状态，成为自己的观察者，在事情发生时不但能够看清当下自己的自动化反应，包括心态、感受、情绪和行为等，还能明了这些反应背后的心智模式，俗称起心动念，包括触发自动化反应的信念、价值观以及更深层的人生渴望和使命等。

自我觉察与觉知，可以简单地理解为个体对自我自动化反应的觉察及对心智模式的觉知。在这里，我们的自动化反应是果，导致自动化反应的心智模式是因。当事情发生时我们每个人都会有自动化反应，也就是我们俗称的习惯（习气和惯性）或模式，这是由我们每个人的的心智系统决定的。当我们对当下失去自我觉察与觉知，就会被我们的自动化反应所掌控，从而活在自己固有的模式和习惯中。

对于这一点，相信常常开车的朋友会有体验。我记得在2014年的时候，为了降低租房预算，我把办公室从徐家汇的中金国际广场搬到了漕宝路的光大会展中心。有一天，我从外面开车回办公室的途中，刚好接到一个很重要的电话。于是我一边戴着蓝牙耳机通话，一边很熟练地开车，并在车库停好车。最后当我通完电话准备下车时，才惊讶地发现，我竟然又一次把车子开到了中金国际广场。

比如，有的人很情绪化，只要在生活中面对一些固定的情境或场景，就会发脾气。举个例子，我很在意太太对我是否信任，只要我感觉到，请注意，是我的感觉和判断，与她是否真的信任我无关。只要我感觉到她不信任我，我就会发脾气。所以我太太给我起了两个外号："插满天线的人"和"愤怒的公牛"。

其实我的自动化反应与她无关，而与我的内心戏有关，与我对她的神情、语言和行为等的解读有关。比如，我前一天告诉她第二天我要去哪里办事，第二天出门前，她如果问我今天出去干什么，我马上就会皱眉头，心想，你是怎么回事？我昨晚才告诉过你，你听汇报还有完没完了？

我们的心智系统运行机制是这样的，由于我们每个人的个人背景不同，这里的背景指的是每个人原生家庭的生活环境、成长的社区氛围、接受的文化教育水平、所属的民族风俗和宗教差异、个人成长经历等，因此会形成个人化的信念和价值观。我们的信念和价值观会影响我们的心态，同时会发展出内在心理感受和外在情绪状态，而这些都会决定我们的行为表现，以及因应行为选择而产生的结果。

每个人的信念和价值观一旦固着就很难改变，在固着的信念和价值观的指引下，就会养成固定的行为习惯和模式。为什么改变一个人那么困难？就像俗语说的“江山易改，本性难移”，是因为我们的核心信念和价值观的改变尤为困难。我在海文学院的一位同学分享过一句话：“凡能称得上核心信念和价值观的，应是值得用自己的生命去守护的。”我深以为然。从这个定义来看，一个人的核心信念和价值观不同于一般信念和价值观，如果你把它看得比自己的生命还重要，我相信它是不会被改变的。

（3）心智系统自动化反应路径

我们的信念和价值观会影响到当下的心态和态度，还会发展出内在感受和外在情绪，心态与态度、感受与情绪都会左右行为选择，产生相应的结果，结果又会被用来作为证明自己是对的证据，从而不断强化并进而固着原有的信念。当信念被固着时，就会导致重复的表现，并慢慢养成一个人的习惯和模式，如下图所示。

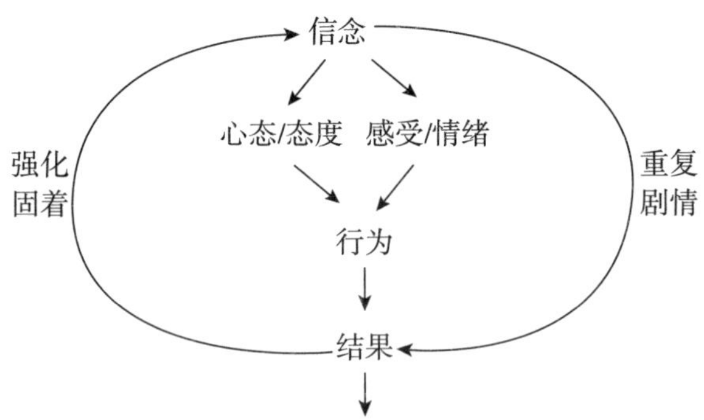

心智系统自动化反应路径

我举个自己的例子，我有一个信念，“老婆不信任我，她总是要控制我”，只要在生活中发生一些事情触发这个信念，我的自动化反应当下就会被启动。某天早上我出门时，她随口多问了一句：“你今天出去干什么？”我马上就有反应了，心想昨晚都和你说过了，你什么意思啊？总是不信任我！总是要控制我！我的**信念**被触发，随之引发了我的自动化反应。

接下来，我的感受就不舒服了（**感受**），同时心态和态度发生了变化。通常这个时候我会很抗拒（**心态**）回答她的问题，因为如果那样在我看来就等于变相承认接受被她控制的事实（**编造新故事**）。

接下来我多半会带着愤怒的情绪，开始自我防卫，指责她：“你看你这个人，昨晚才跟你说过，你要我讲多少遍才放心？要不你跟我一起去算了，省得你多心！”或者我白眼一翻，心想，又来了！懒得理你！一甩门气呼呼地出去了。

由此带来的结果很可能是两个人吵一架，她说：“你吃错药了！”“你是不是心里有鬼，问都不让我问？”结果不欢而散。接下来就开始冷战，或者互相争吵。面对这个结果，我又会产生**新的想法和感受**，比如觉得结婚真没意思，失去了自由，越想越难过。心中的想法越发坚定：你总是不信任我，你总是要控制我！于是我找到更多的证据证明我是对的。

于是这个信念开始固着，就像在我心里种下一颗种子，然后每天生活中发生的大大小小的事情，就好像不断在给它浇水、施肥，一颗种子慢慢生根、发芽、茁壮成长，最后枝繁叶茂，长成一棵参天大树。不断**重复**类似的剧情，就会慢慢养成我的

习惯和模式。因此只要触发我与信任、控制有关的信念，就会引发我愤怒的情绪和指责的防卫机制。

（4）自我觉察与觉知从何入手？

信念（含价值观）→心态（态度）和感受（情绪）→行为 →结果→强化固着旧的信念→重复类似或相同的剧情→固化的习惯与模式，我用这样的自动化反应路径来表示我们心智系统的运行机制。而在信念和价值观的底层，是我们每个人更深层次的对自我生命的渴望，即在自己的生命中期待什么，渴望什么？还有在更深层对自己生命的定义，即我是谁？我的人生使命是什么？我的生命存在的价值和意义是什么？亦如佛家所言，生命的本质实相是什么？

对自我的觉察与觉知该如何入手呢？我们很难在一开始就做到对自己的信念、价值观、期待、渴望、人生使命和生命意义明了，事实上越往深层探索越难以定位。而且在不同的生命时期，很可能你会得到不同的答案。很多人终其一生探寻也不得其解，更多的人一生都未曾想过去探寻。

忙碌的生活方式与沉重的生活压力，让我们早已习惯物化彼此，习惯于戴着面具扮演自己的角色。我们不但缺乏对他人的同理心，对于很多人而言，与自己内在的感受往往也是分离的。很多人在生活中变得越来越僵化、麻木，生命缺乏弹性，活得像是机器人或电脑。

对自我的觉察与觉知由易到难，由浅入深，我们更容易清楚地察觉到的是自己的外在情绪、行为表现和习惯模式，以及体验自己的内在感受。我们要保持当下的自我觉察与觉知，就要先从体验自己当下的内在感受开始。内在感受的波动往往是一个信号，循着这个信号我们可以进入对自我的觉察与觉知。

3. 觉察感受

我们的内在感受来源于对当下的解读，是身体内在的经验，和血流、能量的变动有关，是对身体内在的体验。**感受没有好坏，但感受分正向和负向，感受是因应当下的真实内在体验**。

通常我们用来表达正向感受的词语有：温暖、兴奋、感动、放松、舒服、敞开、靠近等；表达负向感受的词语有：冷漠、焦虑、烦躁、紧张、难受、关闭、有距离等。很多人对于上面用于描述感受的词语是很生疏的，代表着在过往生命中他们对自己的感受也是十分陌生、疏离的。

在训练中，我常常问我的学员，此刻有什么感受？我发现很多人表达的不是感受，而是想法。他们往往一脸茫然，很努力地用大脑去捕捉想法，而非只是在当下用心体验。他们用来表达的往往是“还好”“一般”“没什么”，而非正向的“开心”或负向的“难受”等。这是现代人的一个通病，过于头脑化和物化。

有一天朋友约我一起喝茶，她向我分享了一件让她内心搅动的事情。原来她所在的一个微信群里，有一个朋友发的一条信息让她有些反应。她把这条微信的内容转发给我看，想听听我的看法，于是我们开始讨论起来。

我告诉她，我并不觉得微信的内容有什么不妥，我问她，你是怎么看的呢？她说看到这条微信时，内心有些不舒服，觉得对方在含沙射影地评判自己。然后，她把大致的背景向我做了一些介绍，也向我表达了一些她对那个朋友发这条微信的看法。她认为他的观点太过主观自我、以偏概全。

我继续问她，你还看到什么？对自己有什么发现？其实很多时候我们是因为心里有什么，才会看见什么。我们对外部世界人和事物的看法，与自我内在的信念和价值观有关，我们所表达出来的观点往往是我们内在的投射。比如一个内心压抑的人，往往会认为这个世界太过黑暗；而一个内心美好的人，看到的是这个世界如此美丽。一个心胸狭窄的人，常常会觉得整个世界都在和自己作对；而一个心胸宽阔的人，往往会认为整个世界万物相连，和谐共生。

她刚才表达的那些看法，不可否认我也是赞同的。我和她的不同之处在于，她被自己的解读所触发的自动化反应控制，失去了当下的自我觉察与觉知。通过她那个朋友分享的内容，我也认为这是一个偏激、固执、自以为是、内心充满愤怒的人，同时我也清楚地知道这只是我对他的评判和解读，因此我不会继续发展出对应的负向感受和情绪，这就是在当下保持自我觉察与觉知的状态。

不过，我认为如果只是停留在这里，我们今天的讨论是不够的。我问她对自己有什么发现，是希望她能通过体验自己的内在感受觉察到什么，从而学习到什么。我个人认为，只有让焦点重新回到自己身上，才能有真正的学习与成长。**搅动你的心的，正是你需要成长的。**

真正的成长来自感受到自己内在搅动之后的自我觉察与觉知，照见搅动你内心的原因，而非对他人的评判。她内心的搅动，是因为她对那条微信内容的解读，认为对方的这条微信是在针对她、否定她。而她内心是渴望被认可、被尊重的，这种针对和否定让她很愤怒，但是她没有看到对她的所谓的针对与否定，只是她对对方这一行为的猜测。

“他很傲慢，我要给他回应。”她愤愤地说道。我对她说，有没有看到，其实你内心也很骄傲，骄傲到不能接受别人在你面前是傲慢的，更何况他的傲慢只是你的解读而已。

当我们的内心被外界的事或人所搅动时，我们往往会做出反应而非回应。反应是自动化的防卫机制，每个人自动化反应的方式是不同的，有的人会保持沉默，有的人会予以回击，有的人会忍让，有的人会转移焦点，有的人会回避离开，有的人会选择理性包容，等等。自动化反应的方式与每个人的信念和价值观有关，与对产生内心搅动的事或人的解读有关，反应并不能带来真正的成长。

回应是一种反馈，我们常常会在生活中混淆回应和反应，往往会借回应之名把自己因反应而带来的情绪向对方宣泄。这种未征得对方允许的反馈，事实上是一种语言的暴力。真正的回应，是在征得对方允许的前提下，愿意向对方坦诚地沟通自己当下的感受，哪怕这种感受照见的是你内在的脆弱，而且诚实地表达这些感受的出现基于你对对方的解读，并愿意冒险核对对方如此表达的真实意图。当然是否做出这个选择，取决于你是否重视和对方的关系。

我问她，聊了这么多，有什么可以反馈给我的？她说，聊的时候，我们邻座也有人，我的声音有点大。在当下我觉察到，我对场域是不敏感的，在给她这些反馈前，也没有征得她的同意。我还看到自己固有的自动化反应，那就是好为人师与炫耀，渴望证明自己的价值，得到别人的尊重。

生命成长路漫漫，重要的是能常常带着自我觉察与觉知，借助当下那些搅动自己内心的人与事，如实地观照当下。这也是一条不断打怪升级的道路，不断地升级自己的心智模式，提升自己的心智维度，这在我看来才是真正意义上的生命成长。

4. 觉察情绪

我们的情绪是内在感受的外在表达与呈现，比如在关系中，当你内心对对方的感受是温暖、靠近的，你就会表现出喜悦和快乐；当内心对对方的感受是冷漠和有距离的，你就会表现出难受和失落，甚至会有受伤的感觉。

和感受一样，情绪也没有好坏，正向感受对应正面情绪，负向感受对应负面情绪。在关系中负面情绪会对亲密关系带来很大的影响，而事实上负面情绪的背后，往往隐藏着你内在未被对方满足的期待。

有一次我作为义工参加一场工作坊的活动，工作坊的原定带领者是一位外国导师，在业内享有很高的评价和声誉，因此这一场工作坊活动有很多人慕名来参加。但不巧的是，由于天气原因，导师最终未能如期出现，只能在下午通过视频连线做带领和个人指导。

有一位女士气呼呼地对导师发难，责问他为什么不能更换交通工具，为什么没有及时注意到气象变化……通过一连串的为什么，看得出她很愤怒。原来她带着几个朋友慕名而来，从早上一直等到下午。在等待导师出现的过程中，她的朋友们先后失望地离开了。她内心既内疚、难过，又担心、恐惧。

原本她期待通过这场工作坊的收获，能启发他们愿意开启心灵的学习成长之路，也希望借此帮助她的朋友们。现在，她很担心他们会怎样看她，担心从此失去朋友们对自己的信任。内心的期待完全落空，导致她爆发出愤怒的情绪，并直接将怒火宣泄到这个让她失望的人身上。

前不久我约一个许久未见的好朋友吃饭，见面时聊起他最近的工作，他打开话匣子开始吐苦水。在我眼里他是一个很负责、有担当的人，在团队里总是充满正能量，因此跟随老板多年一直深受信任。听到他的吐槽，特别是听到他说自己最近在考虑要不要辞职，我一开始还挺诧异的。因为基于以往的经验，我认为他和老板应该属于工作上的亲密关系，他也一直被老板视为左膀右臂。

听得出来，他的这些情绪其实来自他期待被老板信任，而最近发生的事情使他认为老板不再信任自己了。对于老板不再信任自己的猜测，让他很心塞、很压抑。他说一直以来为公司尽心尽力，除了本职工作外还承担了很多。不承想不但没有被老板看见，反而换来这样的结果。他现在很失望，也觉得很疲惫。

在关系中发生的每一个事件，都可以成为一面镜子，支持我们的成长。重点在于我们是用这面镜子去观照自己的内在，而非仅仅察看对方，尤其是去察看那些我们认为对方做得不够好的部分。后者事实上是毫无意义的，因为我们如果只是站在各自的立场或角度去评判对方，然后分对错好坏，一般不会认为对方是对的。通常我们都认为自己是对的，如果有问题，会理所当然地认为对方是犯错的一方。

当内在期待未被满足时，我们会被自动化地引发负面情绪，这是因为我们往往会在潜意识中理所当然地认为对方应该满足我们的期待，关系越是亲密，这种理所当然的态度就越明显。而一旦认为自己内在的期待未被对方满足，就会对对方产生负向感受，比如失望、压抑、难受、悲伤等。

而且当这些负向感受产生时，我们往往会归咎于对方不够好，往往会认为自己被对方辜负，或者对方做错了，等等。我们这些内在负向感受向外表现出来的负面情绪，在大多数时候会是对对方的愤怒，并常常伴随着指责对方的行为。有的人除了指责对方外，还会发展出对内的负面情绪，比如内疚、负罪感并会转而向内指责自己，从认为是对方的错或者对方不够好，转而认为是自己的错或者自己不够好，才导致对方不愿意满足自己的期待。如果你内在存在对自己过高的期待，更会因此鞭挞自己。

我们往往会羞于面对自己内在的负向感受，是因为对负向感受的负面看法，负向感受的背后是自我内在未被满足的期待。**越抗拒越持续，越是不愿意面对的越会紧紧地抓住你。**我们越是忽略内在负向感受，内在未被满足的期待就会越固着，我们就会越执着于这份期待，让自己始终处于一个受害者的位置，这样做并不会变得更好。因为这个时候，执着于期待的出发点多数是证明自己正确，或者把责任推卸给对方，这样就可以理所当然地控制对方，要求对方做出改变。

就像我这个好朋友，他原本负责公司销售部门，最近团队接连有人离职，他不得不分摊了很多部门的工作，常常加班导致最近一直没休息好。但是为了证明给老板看他并没有像传言中那样拉帮结派，他一直都没有积极地应对部门人手不足的状况，只是在被动地等待公司给自己加派人手，所以把自己弄得疲惫不堪，内心有很多怨言。

和对于负向感受存在负面看法一样，我们很多时候对于负面情绪同样存在负面看法。因此，很多人习惯于忽略负向感受，压抑负面情绪。但是它们并没有真的消失，忽略和压抑的后果是内在不断地累积负向感受和负面情绪带来的能量，因此时间长了很多人的心理和身体就会开始慢慢地出现疾病症状。

而事实上，有负面情绪没有问题，压抑负面情绪才会产生问题。很多人平时不断压抑负面情绪，到爆发的时候往往会因巨大的反差而让对方措手不及，反而对彼此的关系带来更大的伤害。中立、客观地看待、接纳负面情绪的产生是一个对彼此加深了解的好的开始。

我们要开始觉察到，**负面情绪其实源于内在未被满足的期待，执着于这些期待，就会在生命中带来指责或者自责的自动化反应**。首先，我们要对此有觉察与觉知。然后，我们要承认并接纳自己这些未被满足期待的存在，愿意冒险行动，主动向对方分享内在感受、表达期待，并放下对方理所当然要满足自己期待的态度，允许对方有选择的权利和自由。这是对自己负责任的选择，同时你也会拥有更多的自由和力量。

5.觉察关系中的习惯和模式

我们在关系中的习惯和模式反映出的真相是内在的信念和价值观。在前面我们谈道，“信念或价值观→心态或态度、感受或情绪→行为→结果→不断强化和固着信念→导致重复类似或相同的剧情→固着的习惯或模式”。从这样一个心智机制和路径可以看到，当我们的信念和价值观固着时，就会形成固定的习惯和模式。

有一天早上我送太太去上课，太太上车关好车门后边找我要纸巾，边说怎么车里有这么多水。原来昨晚大雨，她关车门时有些积水震荡到车门内侧的把手上，湿漉漉的样子看上去让我觉得很不舒服。我看着她擦拭，脱口而出：“你怎么搞的？怎么会搞得车里有这么多水呢？”这纯粹是我的自动化反应，我心想，你总是这样不在乎我心爱的车子，你看我怎么就不会搞成这样？

太太不愧是九型导师，边擦水边微笑着说：“你刚才就是经典的一号人格反应，看上去是在用抱怨、挑剔甚至指责的语气和对方沟通，其实背后隐藏的往往是关心和爱护。不过，我更喜欢你直接表达你的关爱。”的确如此，我知道太太很讨厌雨天湿漉漉的感觉，而且她容易着凉受寒，平时两人雨中共用伞时也总是要和我贴得紧紧的，怕自己被雨淋到。

我不禁得意地笑了:“哈哈，太好了，既然你这么懂我，那我以后就可以尽情地对你挑剔、指责了。”当然，这是我的玩笑话。不过可以看出我们在亲密关系中存在一个模式，往往把别人对自己的包容，当成自己可以不需要成长的合理借口。和对方关系越是亲密，就越是心安理得。

成长，意味着自己需要改变，而改变会让我们不习惯，会带来不适应，在改变的过程中往往伴随着焦虑和不安。其实我们并非真的拒绝成长，理性告诉我们成长是有好处的。我们只是潜意识中不愿去面对因改变而产生的焦虑和不安。我们的理性在大多数时候会输给我们的潜意识。因为舒适和安全，是我们生而为人潜意识中的追求。

而且在关系中我们对于改变有一个固有的看法，往往认为只有错的那一方才需要改变，我要是先改变就代表我错了。但我没有错，错的是你，因此需要改变的是你，而不是我。于是，与其让自己改变，让自己不舒服，不如让对方接受自己就是这样的，然后要求对方做出改变。而且我们还理所当然地认为，我一直就是这样的，你应该懂我，应该理解我。我们也总是错误地认为对方改变会比自己改变更容易，因为我们总是想要偷懒走捷径，觉得对方累点应该没关系。

这样的信念和意图，往往会让我们把关系中的焦点放在评判对与错上，总是让双方的关系停留在权力争夺期而无法进入下一个阶段。需要区分的是，改变与对错无关，与自己的成长和关系的发展有关。一旦在关系中进入对错范畴，就会导致关系中的封闭与僵化，容易进入权力斗争期的偏离状态，比如冷漠、超越、分离。

对方对你的包容，不是你拒绝成长的理由和借口。出现这样的结果，与一方在包容中缺乏界限有关。包容，并非没有界限；没有界限的包容，往往会助长另一方的不负责任，导致另一方在关系中无法成长；没有界限的包容，实际上是包庇和纵容。

存有界限的包容，既接纳当下的对方，也愿意向对方敞开自己的脆弱，温柔而坚定地表达自己的立场；可以告诉对方自己内在的期待和渴望，愿意把选择的权利交还给对方，给对方自我负责的空间去学习和成长，也愿意对因此产生的结果自我负责。

修行在生活中，成长在关系中。万物同构，万物相连，万物皆可为师，对于我来说，和太太的亲密关系就是我的修行道场。当然，这也离不开当下的自我觉察与觉知，这是成长的关键点。智慧，源自对当下的自我觉察与觉知。

6. 觉察信念

通过对自己的内在感受、外在情绪，以及在关系中的反应模式和习惯的觉察，我们可以更加深入地探索自己的信念和价值观。一个人要真正改变很困难，是因为我们对自己的觉察往往只停留在感受和行为表现层面，很多时候只是为了改变而改变，因此难以坚持，常常半途而废。

我们在关系中固有的模式和习惯源自心智系统中信念和价

值观的固着，信念和价值观不改变，模式和习惯就不会改变，在关系中的结果也就很难改变。有一次训练中，Mandy分享自己和父母的故事，她很抗拒和母亲的亲密接触。我问她是什么原因，连给父母一个拥抱她都不愿意？

“我从小就被父母抛弃了！”她愤愤不平地说。平时她看上去总是很乐观、开朗，充满自信的样子，在事业上小有成就，努力、敬业，很愿意帮助身边的人。不过，那些只是外在的表现，她内心总是很小心地和别人保持距离，不愿意让别人走进自己的内心世界。

她在内心深处，一直很渴望得到身边人的认可。她和朋友们关系都很不错，和家人的关系反而很有距离，这是她内心深处一个解不开的结。她很抗拒靠近父母，也不愿意对他们表达自己对他们的爱；对姐姐也总是莫名地敌视，总想比姐姐胜出一筹，姐妹关系也不好。

我很好奇地问她，你认为父母抛弃了你，具体是什么意思？是把你送给别人了吗？她说不是这个意思，她没有被送给别人家抚养。但是因为姐姐长得很漂亮，从小就被父母夸赞，她觉得自己一直都是被父母忽视的。

因此，她从小就很自卑，认为自己被父母抛弃了，对父母心怀怨恨，对姐姐很嫉妒。在这种信念的影响下，长大之后为了证明给父母看，自己比姐姐优秀，她很努力地工作，后来创业也是非常努力。她内心对父母的怨恨，让她很难放下芥蒂真正靠近父母。

我们有一种心智模式，就是在潜意识中总要证明自己是对

的，而且为了证明自己是对的，往往连结果都可以不要。所以，在过去她认为父母没有把她送人，是因为要留着她干活；父母和姐姐想要靠近她，她会很抗拒和排斥，她认为他们对她好，是因为她现在变得优秀了，他们的靠近另有目的和企图。而一旦父母、姐姐和她保持一些距离，她在心中会再次证明和加深自己被抛弃的看法是对的。就这样，和家人的关系总是让她很纠结、难受。

我问她，如果站在一个中立、客观的角度，是否可以找到一些证据，来证明家人对她的爱呢？她沉默良久，点点头，神情开始变得柔和，泪水慢慢滑出眼眶。课程结束的那天晚上，她邀请母亲来到现场，站在台上向母亲表达自己压抑多年的心里话，向母亲表达自己的爱。当看到台上的母女俩相拥而泣，看到很多人因此产生共鸣时，我很感动，感受到温暖的爱在流动。

过往生命中的成长经历，让我们背上了很多包袱，这些包袱越背越多，我们身上的负累越来越沉重，消耗了我们生命中的很多能量。我们常常说，要放下包袱，但是很难真正做到。原因就在于，我们很难觉察自己的内在信念；当对信念失去觉察时，我们就很难真正地改变。

就像Mandy，她虽然知道要孝顺父母，放下对父母的怨恨，但是由于内在的信念没有调整，她和家人相处时就总是会启动自动化反应模式。结果没有真正放下怨恨和嫉妒，反而将其抱得越来越紧。而当她愿意对母亲敞开自己内在的脆弱，和母亲产生连接，向母亲主动表达自己的爱和对爱的渴求时，她就真正做到了放下。

在人生中，没有人可以真正地抛弃你，除非你放弃你自己；在关系中，也没有人可以真正地伤害你，除非你自己允许。**很多时候，刺伤你的不是对方的言语，而是因为这根刺其实一直在你心里**。这根刺，往往是你对自己的看法和信念。

你执着于这个信念，就会被这个信念控制，无法脱离，失去了在关系中爱的自由和力量。我们常常说“一念之差”，放下生命中那些沉重的包袱其实很简单，你需要做的就是转念。

7.关于转念

（1）感受来源于你对当下的解读

感受来源于我们自己的想法，来源于我们对当下现实的解读，而与当下的现实无关，与当下情境中的其他人和事物无关，因为你的感受只属于你自己。为什么这么说？我举个例子，早上我出门，太太问我：“今天出去干什么？”下面我模拟几个画面来演示给大家看。

第一种剧情：我一听这话，当下就眉头一皱。为什么？因为我**心里不舒服**。你看，这里的感受是不舒服，是因为我对这句话有一个解读，我心想你还有完没完，昨晚告诉你了，你怎么转头就忘了？你到底对我说的话重不重视啊？你也太不重视我说的话了吧！所以，你看，感受不舒服，来源于一个解读，我认为太太不重视我说的话。**她不重视我，一如既往**。

第二种剧情：我一听这话，当下就眉头一皱。为什么？因为我**心里很抗拒**。不舒服的感受升级了。你是怎么回事，要我跟你说几遍你才相信？要是不放心，你干脆跟我一起去得了！于是关系中的冲突开始升级。原因是我对这句话有一个解读，**她不信任我！她要控制我！**

第三种剧情：我一听这话，**当下就很开心**。为什么？因为我对这句话有一个解读，我认为太太很在乎我。**她很关心我**。要不是因为关心我，她才懒得理我去哪里呢！所以，我心里美滋滋的。我不但会再和她说一遍去哪里办事，还会问她要不要我顺便带点东西回来。

大家看到了吗？同样的事，有三种不同的剧情，这个结果和什么有关？和我的想法有关，和我对这句话的解读有关。所以，要为我们的感受负责的主体，应该是我们自己。今天如果有人能用语言伤害你，伤害你的其实是你自己的选择。

（2）转念即出离

我们的自动化反应被触发皆因自我对当下的解读（**信念**），引发感受和情绪，又会产生更多的想法（新的信念），正所谓念念相续。比如出门时的一件小事，导致产生了一个信念，“老婆不信任我”，然后就像滚雪球一样：“我都做了这么多，你还要我怎么做？”“都为你做了这么多，你还不信任我！”“看样子你永远都不会信任我了，这以后的日子还怎么过？”“婚姻果然是爱情的坟墓，一点自由都没有！”“算了，既然过不下去了，不如我们离婚吧！”其实，从头到尾，老婆就问了一句话：“今天你出去干什么？”

源头在“老婆不信任我”这个信念。那么，转念即回头，听到同样的一句话，想到的如果是“老婆爱我，老婆关心我”，心情就会不一样了，出门时还会加一句：“今天回家，要我买点什么回来？”平常让我出门打瓶酱油我都懒得理，快到家了，还想着带束花回家给老婆惊喜。

俗话说“回心转意”，呼吸能让我们活在当下、念起不随，然而回心才能转念。怎样才能“回心”呢？这与看见“我是谁”的问题有关。在和伴侣的亲密关系中，你对自己的定义是什么会决定关系的品质和结果。我是一个要公平和自由的老公，抑或一个温暖、体贴、善解人意的老公，不同的选择将决定关系不同的走向。不过无论哪个选择都没有对错，只要你愿意对自己的选择负责。

我们很多人在追求心灵的彼岸，关于“彼岸”我写过一首小诗。当我们能够在当下带着高度的自我觉察与觉知时，就已经在彼岸了。

彼岸

彼岸并非岸，
明镜向内观。
转念回心时，
此心即彼岸。

结语

在生命中的每个时刻，我们要么带着觉察，要么失去觉察。

大多数人对自己往往是失去觉察的，处在一种自动驾驶的状态。因此，我们很容易被自己的背景所限制。

我们在关系中的行为表现与我们彼此的自动化反应和心智模式密不可分。当我们在关系中既作为个体独立存在，又需要与他人产生连接时，往往会因为彼此存在的差异不断地引发冲突。

我们在当下的自我觉察与觉知是关系得以持续发展的基础，如果失去它，我们只会永远生活在自己过往的背景中，在关系和生命中失去未来。要保有当下的自我觉察与觉知，不被自己的自动化反应所限制，需要从诚实地面对自己内在的感受开始。

当我们在亲密关系中失去自我觉察与觉知时，就会不可避免地进入关系中的误区与困境。

练习

阅读完本章后，请思考以下问题：

（1）在你的亲密关系中，通常什么情况会引发你的负向感受？在关系中有哪些负向感受是你熟悉的？

（2）你觉察到在哪些亲密关系中，你会很容易触发自动化反应而处在负面情绪中？你和对方的相处模式是怎样的？你看到这与你的什么信念有关？

（3）因此，给你和对方的亲密关系带来了哪些影响？

（4）如果昨日重现，你会有什么不同的选择吗？这样做又将产生怎样的未来？

（5）你此刻有何感受？无论你认为自己的感受是什么，请记录下来。最后请检查你写下来的到底是感受还是想法。

第三章

亲密关系中的误区与困境

引言

我们每个人都生活在各种关系之中，亲密关系是所有关系的核心。我们很渴望在关系中越来越亲密，并为此付出了很多努力，但是结果往往不尽如人意，甚至事与愿违。

我们虽然渴望在关系中更加亲密，但现实情况却是有很多人在关系中卡住，在关系中有太多的迷茫、纠结、抱怨，随着时间的推移，关系没有更亲密，反而越来越疏离，和对方在关系中渐行渐远，甚至到最后分道扬镳。

这当中很重要的一个原因是我们对于亲密和亲密关系存在一些认知上的误区。正是这些认知误区的存在，导致我们在关系中不但无法迈向亲密，而且会产生隔阂与距离，甚至最后付出亲密关系破裂的代价。

我们不但会存在对亲密的认知误区，在亲密关系中也会存在种种困境与挣扎。在这里我对困境与挣扎是这样描述的：它形容一种矛盾、迷茫的状态，你很想让情况不一样，但是左右为难、进退维谷，好像不管你怎样做都于事无补，你看不到方向和希望在哪里。它也形容一种纠结、无奈的感受，就像你深陷泥潭的感觉，好像不管你怎样用力都无法挣脱。面对当下的关系，你既心有不甘，又无力无助。

有一首歌《征服》，我特别喜欢赵传演唱的那个版本，歌词背后的无奈、不甘、纠结、彷徨、痛苦和愤怒，这些状态和感受你在关系中熟悉吗？你是否在你的亲密关系中体验到这些呢？你是否渴望自己能够从亲密关系的困境中走出来呢？你是否希望能在关系中真正创造和发展亲密呢？

要知道，这些亲密关系中的误区和困境，往往是我们在关系中失去自我觉察与觉知，深陷自动化反应所导致的。要走出这些误区与困境，需要我们在当下保持良好的自我觉察与觉知能力。因此，请你诚实地面对自己，这是在亲密关系中成长、活出内在力量非常重要的一点。

1.亲密和亲密关系

在关系发展的道路上，我们很多人对于如何迈向亲密是茫然的，往往会看不清楚下一步和未来的方向。我们常用“人心善变”形容人的复杂性，但关系的发展是有规律的，关系亲密的道路也并非真的无迹可寻。接下来，我们需要了解什么是亲密，以及亲密关系是怎样的。唯有如此，我们才能在关系中创造亲密，并发展有效、持久的亲密关系。

（1）什么是亲密？

我想，每个人对于亲密可能都会有不同于他人的理解。那么，亲密到底是什么呢？在这里我要声明，对于同一个词语，我对它的定义可能和你对它的定义有差异，这种差异并不代表谁对谁错，仅仅代表我们对它的看法不一样。

如果你的看法不同于我的看法，并不代表我们之间存在对错。如果你愿意接受这一点，那么我和你的不同看法也许会让你的认知多一些新的内容。在这里，我秉承海文学派对亲密的定义，就是亲近和了解。亲密，指的是在关系中心与心之间的一种靠近和敞开的状态，正是这种心与心之间的相互靠近和敞开，带来了关系中的亲近和了解。

这种靠近并非指你和他人的身体在物理距离上的靠近。在生活中，我们很容易进入一个认知误区，认为两个人在身体距离上越靠近，在关系中就越亲密。关于这一点，我们后续会详细谈到。

亲近指的是一种发自内心地渴望与对方靠近的感觉，了解指的是关系中的双方对彼此都很熟悉。仅仅这两者还不足以达到关系中真正的亲密，在我看来，亲近和了解只是构成亲密的充分要素，内心向对方的敞开和靠近才是必不可少的要素。

（2）亲密关系体现的是一种品质

我们有一个词语是用来形容关系中的亲密的，叫作“亲密无间”。因此，如果从心与心之间的距离这个范畴来定义关系，我们可以说有疏远和亲密的区分。从一个广义的畴来讲，你和任何人都可以创造关系中的亲密品质，彼此发展为亲密关系。

因此，亲密关系并非特指你和伴侣的关系，如果你和对方心与心之间是敞开和靠近的，你们事实上就开始建立亲密关系了。从这一点我们可以看出，亲密关系与彼此在关系中的性质和状态并无必然联系，不会因为关系性质和彼此在关系中状态的不同，而决定双方是否建立了亲密关系。

比如，你如果现在处在伴侣关系中，并不代表你和伴侣必然是亲密关系，自然也不代表你和伴侣在关系中一定是亲密的。很多时候，伴侣之间的亲密，只是一种亲密的状态，而非真正意义上的亲密关系。很多伴侣之间，往往存在亲密的状态，但是彼此设有心防，恐惧向对方真正敞开内心。对于这一点，我们不但往往失去觉察，而且会给很多合理化的理由，还会自动地将亲密状态等同于亲密关系。

在这几年关于个人心智成长和关系发展的团体学习工作坊中，我很多次听到类似的故事。有很多人存在一种心理症状，我称之为“回家恐惧症”。他们总是很喜欢在外忙碌的状态，寄情于工作和事业，或者社交活动，给自己找各种听上去合理的理由尽可能晚回家。他们有不少人把车停在楼下，然后把自己关在车里待很久，甚至一两个小时，最后无可奈何、身心疲惫地回到家里。和伴侣或家人维持着表面的关系，或者彼此之间只剩所谓的责任在维系，在关系中完全体会不到真正的亲密。这样的状态，你听上去是否熟悉呢?

在这里，亲密关系指的是关系中的一种彼此滋养的品质，这种品质包含关系中的亲近和了解并且重要的是在关系中向自己承诺，会向对方保持内心的敞开与真实。后者尤为关键，事实上这也是亲密关系建立的基础。由此可见，亲密关系与关系性质、关系状态无关，它是基于关系品质来定义的。

我们在生活中可以有很多亲密关系，比如与伴侣之间、与孩子之间、与原生家庭之间、与闺密之间、与朋友或合作伙伴之间等。当然，所有亲密关系的亲密等级或亲密程度是不同的。亲密关系是我们的核心关系，亲密关系的发展与品质，会影响生命的发展与品质。

2. 对亲密关系的认知误区

（1）身体距离和关系性质的近会带来亲密

我们存在的第一个对亲密关系的认知误区，是认为身体距离的近和关系性质的近会自然带来亲密。比如伴侣之间、亲人之间，我们往往想当然地认为对方和我们是亲密的。然而，事实上关系中的亲密与否和身体的距离是否靠近，以及关系性质的远近之间没有必然的关系。

在生活中有一些朋友，你和他们也许并不常常见面，甚至远隔千里，但是你们之间亲密无间。相反，有一些人，你尽管和他们常常见面，甚至就生活在一个屋檐下，但彼此像是陌生人一样，非常冷漠。这样的例子在我们的生活中比比皆是。

按理来说，我们和自己的伴侣、父母或孩子，从物理距离来说已经够近了。然而在生活中，很多人和自己的伴侣、父母或孩子之间的关系实际上是不够亲密的。

有的人成年以后，除了逢年过节平时和父母很少联络，缺乏交集。即便说去看看父母，也总是匆匆忙忙，很少有深层次的交流。有很多人，和自己的伴侣在一起也总是觉得没什么话好说，有什么心里话反而更乐意找自己的密友倾诉。有的人会感觉在伴侣关系中好像离开对方也没关系，感觉对方存在与否似乎没差别，因此丧偶式婚姻这一说法开始流行。

有的人在和孩子的关系中，也只是把自己放在一个照顾者的位置，平日里总是忙于工作和事业，与孩子之间疏于交流沟通。比如我有一个朋友沉迷工作，总是在外面忙碌，家就像宾馆，只是个睡觉的地方，而孩子平时住校，周末才回家。她平时和孩子见不了几面，彼此联系的场景更多的是孩子缺生活费了，找她要钱时才说上几句话。

很多伴侣的心与心之间也许隔了千山万水。很多次听到学员的分享，很多人在内心时不时会有一个声音存在："他到底爱不爱我？"很多伴侣彼此只有身体上的亲密接触，但是由于内心没有向对方敞开，自然难以带来彼此内心靠近的体验。

因此，由于缺乏心与心之间的沟通，很多时候彼此之间只是一种亲密状态，却不是真正的亲密关系。（关于亲密状态和亲密关系的不同，我们会在后文进行更深入的探讨。）

还有很多人其实只是活在概念上或形式上的亲密关系之中，彼此已不再亲密，越来越冷漠、疏离。我有一个学员，大家都叫她红姐，她21岁的时候结婚，老公离异过还比她大十几岁。结婚的时候，全家人都反对，她依然不管不顾地选择和对方步入婚姻殿堂。

然而，成家仅仅1年多她就遇到情感危机，对方一直在外面和其他异性纠缠不清。过去10多年，对方不断出轨。她一次次地包容对方，慢慢地在关系中越来越麻木，对婚姻不再抱任何希望，和对方只是维持着表面的关系。

她现在把所有的注意力都放在事业和孩子上，虽然和丈夫住在同一个屋檐下，却早已形同陌路。他们目前处于关系中的冷漠状态，这是典型的关系发展偏离状态。

在关系中，类似这样的结果自然不是我们期待的，很多时候我们很想改变这种状态，但往往不能如愿，很大的原因是我们在关系中理所当然的态度。我们常常用亲密无间来形容关系中的亲密，很多人认为只要关系足够近，就应该是亲密的，彼此是靠近和了解的。

越是近的关系，越应如此，这是我们在潜意识中的自动化反应。

比如，我们往往会认为自己的伴侣、父母、孩子和事业中的合作伙伴是靠近和了解自己的。而事实上关系近并不会自然地产生亲近，不会自然地带来亲密关系。

亲密无间，指的不是物理距离上的靠近，而是心与心之间没有距离。不是朝夕相处的就叫作伴侣，就理所当然是亲密关系，有可能你们只是在一起分担生活成本的居家伙伴，或者更像是另一种形式的室友。

过往我们在潜意识中的自动化反应，认为关系性质的近会自然带来亲密。要知道，关系中的亲密与身体的靠近和关系的近没有必然的联系，它是关系中的双方彼此敞开心扉靠近的结果。

因此特别需要指出的是，亲密关系与关系中是否存在性无关。很多人在关系中会存在一个误区，认为亲密关系与性有关。这样的认知误区带来的影响会阻碍异性朋友间进入亲密关系，由于担心外界的流言蜚语或者各自家人异样的眼光和误解，会在关系中刻意保持距离。

它带来的另一个影响是，由于认为性会带来亲密关系，有的人因为渴望和对方建立亲密关系，会主动选择付出性，或者答应对方在性方面的要求。而有可能你要的是亲密关系，对方只是想要性伙伴关系。发生性的接触，并不一定会带来真正的亲密和亲密关系。

（2）认识久了自然会亲密

我们在生活中常常会听到类似这样的言论："哎呀，大家都认识这么久了，还有什么不好讲的？""我们在一起都这么久了，还有什么不能聊的？"这类言论背后潜藏的意思是，只要认识久了，在一起时间长了，关系自然就会亲密。

这样的信念，正是我们在关系中对亲密的第二个认知误区，即总觉得在一起久了，关系自然就会亲密。而事实上关系中的亲密，和你认识对方多久没有必然的联系。认识的时间久，在一起的时间长，带来的往往是熟悉，而非亲密。

熟悉的意思是，彼此之间会越来越了解，无论是对方的脾气、秉性、爱好，还是习惯，甚至很多时候，对方只是一个眼神或者动作，你就能够明白他要传递的是什么意思。比如，过去有一段时间，只要我主动找孩子聊天，孩子就会很紧张。原因是那段时间我忙于自己的工作，通常我主动找他谈话，都是由于我听到或看到孩子在微信朋友圈发的内容或者表达方式不妥。孩子很聪明，他在我还没有开口时，就知道我要谈什么，早早地筑起心墙，开始自我防卫。他对我的习惯越来越了解，对我越来越熟悉，但是在这样的模式里，我们之间的关系并没有越来越亲密。

在现实生活中，很多人在亲密关系中的状态也只是彼此之间越来越熟悉，而没有越来越亲密，甚至这种熟悉会让关系不再那么亲密。因此在这里，我们要学会区分亲密和熟悉。

有一个词语叫“日久生情”。我们潜意识中有一个认知，好像两个人只要彼此相处的时间够长，就会建立深厚的情感。就像有的人在开始进入婚姻关系的时候，对对方并不了解，特别是一些人因为年龄或者家人催婚而仓促地进入婚姻关系，或是抱着“先结婚，再谈恋爱”的想法进入婚姻关系。

等到进入婚姻关系之后，随着彼此相处的时间和经验越来越多，对对方越来越了解，会越来越认清对方。特别是你会发现对方身上不但有那么多臭毛病，而且不知悔改，越来越不把你放在眼里，把你说的话当成耳边风，甚至觉得自己被对方无视，好像空气一样不存在。这样的感觉让彼此很抓狂，内心对对方越来越失望，彼此常常为一点鸡毛蒜皮的事就开始抱怨、指责。在关系中，随着时间的推移，并没有日久生情，而是日久生“气”。

有很多伴侣一辈子都在吵吵闹闹中度过，他们的关系一直停留在权力争夺期。

我相信这样的例子在你我身边并不少见。也许你和伴侣的关系正处于权力争夺期，两个人都觉得对方很难沟通，彼此总是讲不了几句话就争吵。

由于亲密的一个要素是真正了解对方，所以我们常常会在潜意识中假定，了解会自动产生亲近感。事实上这并非必然的结果，比如，你会对你的对手越来越了解，但一点都不亲近，很多人在关系中也是因为越来越了解而分道扬镳。

在关系中从浪漫期进入权力争夺期，是因为越来越了解之后，浪漫期美丽的面纱随着时间慢慢揭开，彼此看清对方，发现对方原来不是自己想象中的“完美”伴侣，从而要求对方为自己做出改变，并玩彼此控制与反控制的游戏。这也是一种关系中的自动化反应模式。

现实中常常会有这样的例子，两个人因为一时激情走到一起，却因为彼此熟悉、了解而分开，还美其名曰：“我们只是输给了时间。”或者虽然还在伴侣关系中，却越来越流于表面，彼此缺乏深入的交流，然后彼此编织了一个美丽的谎言，用所谓的亲情来自我欺骗。或者彼此之间越来越冷漠，都懒得和对方沟通，甚至选择视而不见，在关系中不再亲密如昔。

亲密，指的是心与心之间的敞开与靠近，和认识时间的长短没有必然的联系。在现实生活中，很多人原本关系还不错，可是随着越来越熟悉，关系越来越疏远。其中很重要的一个原因是价值观不同。价值观是人生的导航仪，指引人生前进的方向。就像两辆马车，出发的时候会有一段相同的路，但是由于方向不同，走着走着就分道扬镳了。

这段时间由于疫情的关系，我在追一个热播剧《新世界》。就像剧中金海、徐天和铁林的关系，他们原本是拜把子的好兄弟，但是随着彼此之间的了解越来越深入，亲密关系最终破裂，走上了完全不同的人生道路。剧中的男女主角彼此认识才十几天，却建立起彼此坦诚、信任的亲密关系和情谊。

（3）在亲密关系中对方不能有隐私，回报要对等

我们对亲密关系存在的第三个认知误区是潜意识中认为，在亲密关系中对方不可以有隐私，以及我付出了就要得到对方对等的回报。这在伴侣关系中尤为常见。

在亲密关系中，如果愿意诚实地面对自我，会不难发现我们内心对对方往往存有期待，希望对方最好对自己是透明、公开的，不要有什么隐私。这与我们潜意识中的认知信念有关，我们往往会认为亲密关系中的隐私代表着隐瞒和欺骗。而在这个认知信念背后潜藏的真正原因，是内在对自己缺乏信心，是满足自己内在的安全感、存在感及价值感的需要。

这种期待的背后实际上是一种控制，而非真正出于爱对方。我们这样做的目的，原本是希望和对方保持更亲近的关系，但是由于对自己满足内在安全感、存在感和价值感的需要失去觉察，或者对自己和对方都不够诚实，假装看不见自己内在的这个出发点，导致目的、行为和出发点不一致。因此，对方感受到的往往是控制，而不是爱。

我们习惯于在亲密关系中，特别是在伴侣关系和亲子关系中，举着爱的旗帜，以爱之名行控制之实。比如我在前面分享过，有一段时间我很关注孩子的微信朋友圈，一旦发现有什么我认为不妥的表达，我就会打着“我是为你好”的旗号，名为沟通实为控制，要求孩子做出改变以满足我内在的需要。

我对他有一个期待，期待他可以成为一个别人心目中的正直善良、包容理解、明理智慧的人。这其实是我的需要，不是

他的。这样做带来的结果是，孩子不仅和我的关系不亲密，而且会在内心抗拒和我沟通，并和我保持距离。

我有一个朋友在婚姻中遇到很大的危机，她的内心很缺乏安全感，总是担心丈夫会背叛自己或出轨。因此，她恨不得老公24小时都在自己身边，如果老公在外办事，她时不时就要给他打电话，问他现在在哪里，什么时候回来，而且一定要知道他和谁在一起。如果是她也认识的人，还要和对方视频说上几句。如果老公和女性在一起，尤其是和自己不认识的女性在一起，她就开始抓狂了。

她要求老公回到家后，不能“躲着她”接电话，不能和异性私聊。如果他是和异性通话，必须开免提，否则她就会发脾气。电话不能关机，要随时给她翻通话记录和微信聊天记录。如果认为老公和异性的对话暧昧，她就会逼着老公删除对方，或者打电话把对方骂一顿，搞得老公总要向别人道歉。这样做不仅给她老公的事业和生活带来了很大的干扰，也给他们的婚姻造成了很大的破坏。

在关系中还有一种控制，就是要求对方对自己的付出有对等的回报。

这不是爱，本质上这是一种交易的心态。**要求对方给我们对等回报的背后，其实是内在自我价值的匮乏。**内在的自我价值感缺乏，导致潜意识中认为自己不够好，会有不配得感，并由此在内心深处产生担心，害怕失去或者被抛弃，因此会在亲密关系中在意对方是否给自己对等的回报。

我有一位学员，由于成长的环境以及父母重男轻女的思想，她从小就觉得自己是不重要的，认为自己不够好，要拼命为家人付出才配得到爱。因此，当她进入婚姻关系中，为了让对方认可自己的价值，她为家庭和对方拼命付出。同样，她也渴望对方可以相应地回报自己，一旦她的期待未被满足，她就会很不认可自己，也会指责对方看不见自己的付出。这样的模式，给他们的家庭关系带来了很大的伤害。

还有一个潜在的出发点：在亲密关系中我们之所以要求对方对等地回报，是因为在潜意识中把对等的回报当成了一种证明，一种爱的证明，一种对方对自己同样在乎的证明，一种自己是足够好的证明。

如果内在自我价值高，或者认为自己是足够好的，对自己有更多的信任，是不需要找证据去证明的。之所以总是找证据，说到底，是内在不自信。内在自我价值匮乏，导致在亲密关系中不信任对方，更想要控制对方。

（4）冲突会伤害亲密关系

很多人在关系中，特别是在亲密关系中，当面临冲突的时候，往往会选择沉默或者离开，以逃避面对冲突。我们之所以会在亲密关系中避免冲突，是因为我们潜意识中存在的认知误区，我们往往认为冲突会对亲密关系造成破坏，因此在亲密关系中应该避免冲突。

于是在亲密关系中发生冲突时，往往会有一方抱着息事宁人的态度，迁就、迎合或讨好另一方。由于这样做的出发点只是转移矛盾，或者缓和当下紧张的氛围，其实在内心并没有真正地放下对错。所以，率先顺从的一方内在压抑了很多委屈，往往会感觉很郁闷，在行为上更多地表现出敷衍和应付。这样的心态，对方也能感觉到。因此，这样做并不会真正让“胜利者”感受到喜悦或轻松，反而会让对方增加很多对你更负向的评判。

我们之所以在关系中害怕冲突，是因为潜意识中把冲突等同于暴力，或者认为冲突会带来暴力，更深层次的原因是对暴力的恐惧，从而不愿面对关系中的冲突。

冲突，客观来看，代表的是差异，而暴力是一种在关系中未获得对方允许，超越界限，意图伤害或控制对方的行为。冲突，更多的是一种状态，表示彼此之间存在差异。不管喜不喜欢，我们彼此之间事实上都存在差异。暴力，是一种行为，如果彼此能够事先约定冲突的边界，面对冲突时，暴力行为是可以避免的。

在关系中会产生冲突的一个很重要的原因，是我们不接纳对方和自己的不同，我们潜意识中总是理所当然地认为对方应该和自己一样，有一样的习惯、一样的看法、一样的思维模式和一样的价值观等。

正是这种自以为是的思维模式，导致我们在彼此存在不同的看法时常常会进入冲突的自动化反应状态。我们总是认为自己才是对的，对同一件事情的观点不同时，就会很容易自动化地落入争论对错的陷阱。我相信很多人会看到自己在亲密关系中存在这样的模式，总是会习惯性地和对方争论对错。

这样做是因为我们潜意识中觉得，只要彼此观点不一致，就一定存在对错。而显然，我们很少会认为自己是错的，错的一定是对方，要做出改变的也一定是对方。我们会追求观点一致，往往是因为潜意识中认为观点一致就代表是对的，只有观点一致才是好的。但事实往往并非如此，不一致仅仅代表看法不同，未必是错误的；一致仅仅代表看法相同，未必是正确的。我们对于差异，习惯上是很难接受的。

冲突会在关系中制造张力，带来能量。在亲密关系中逃避面对冲突，或者克制、压抑冲突，导致能量无处释放，反而会给自己带来身体和心理的压力和负担，导致负向感受和负面情绪不断累积。随着时间的推移，身体和心理的疾病也会由此进一步产生。

冲突的能量，可以转化为亲密的催化剂。冲突也可以成为通向关系亲密的另一扇大门。我听过很多关于冲突的故事，会有一种相似的体验，那就是吵完以后觉得很轻松。有的人吵完后反而关系更好了。我相信一定有很多人，在关系的冲突中有过类似的经验或感受。

事实上，冲突反而是一个深入、全面地了解对方的机会，也是一个在亲密关系中走出权力争夺期的良机，这一点我们会在后面的章节中进行详细的说明。要做到这一点，需要我们对对方抱有好奇心，需要我们在当下保持自我觉察与觉知。

当然，鼓励大家面对冲突，并非要大家在关系中刻意制造冲突。诚实地面对冲突，体验冲突当下的感受，也是处理好与内在自我关系的一个开端。而且，要将冲突转化为迈向亲密的契机，是需要学习和练习的。

（5）幻想下一个就会遇到对的人

有很多人在和伴侣的亲密关系中存在一个模式，就是当和伴侣在关系中面对挑战时，会选择放弃，与对方从关系中分离。过一段时间之后，会选择和另一个人进入伴侣关系，然后又与新的伴侣重复上一段关系中发生过的相似的剧情，在面对挑战时再次选择离开。

在伴侣关系中存在这样的模式，是因为潜意识中有一个信念，认为自己下一个就会遇到对的人，这个潜藏的期待往往被证明是一个幻觉。而事实上，在关系中如果这样的模式不改变，那个对的人也许永远都不会出现。**人生中的所有结果都和一个人的模式、习惯息息相关，模式不改变，结果也不会改变。**你在亲密关系中的心智模式不改变，往往只会遇到同样类型的人，即使换一个人，也不会带来真正长久的亲密关系。

人们在亲密关系中会存在这样的模式，往往是因为过于自我，常常只把焦点放在关注自己的感受和自己是否快乐上，而忽略了对方的感受，忽略自己在关系中想要的结果。这背后更深层次的原因是不清楚自己在关系中到底想要什么，什么对自己最重要，自己到底要对什么有承诺、负责任。

现代人容易进入一个自我成长的误区，有很多人对自己的了解越深刻，反而会变得越自我。我认识一个朋友，在目前的伴侣关系中就很自我，缺乏改变自己的动力，不愿意为对方做更多事情。她甚至想结束这段关系，认为人生应该多经历一些事情才会更加精彩。

丰富不等于幸福，故事多的人，人生未必精彩，有时候可能带来的更多的是狗血剧情和一地鸡毛。数量不会自然带来质量，丰富的情感阅历也未必能带来更有品质的亲密关系。跟着感觉走的人，在亲密关系中的感觉往往会越来越差。

如果和眼前这个人的亲密关系你都没有处理好，你又何来信心，在下一段亲密关系中你一定能行呢？

3. 亲密关系中的困境

我们知道，亲密是彼此通过内心的敞开和靠近，产生紧密的连接体验，进而相互了解。我们之所以进入关系，特别是进入亲密关系，是因为我们有以下四大需求：第一，渴望与他人有所连接；第二，渴望克服内心深处的孤独感；第三，渴望被他人看见和了解；第四，渴望在内心获得存在的价值感和意义感。这些是我们会进入亲密关系的深层原因。

我们每个人来到这个世界，在最初的胎儿状态时，母亲的子宫给我们带来温暖与安全感，我们每个人与母体紧密相连，体验到母亲与我们的连接和同在，我们与整个宇宙的能量是合一的。

当我们出生离开母体，从那一刻开始就体验到分离，深刻体验到与温暖、安全的母体失去连接带来的不确定性和焦虑，内心产生的不安全感和孤独感从此伴随我们，直至生命终结。

在一生中，我们会不断进入关系，而且渴望进入亲密关系，仿佛被宿命安排，踏上一条在生命中不断寻求和重新体验合一的道路。这一点在我们和伴侣的关系中体现得尤为明显。

由于我们人类最终都要面对死亡，出于对死亡的恐惧，我们经验的核心有一种根本焦虑，被称为“存在性焦虑”。我们在生活中总是习惯于让自己在各种琐事中忙忙碌碌，在各种人际关系中周旋，在推杯换盏中得到与他人产生连接的错觉。

我们进入关系是为了适应这种基本感受，甚至很多人试图忽略或者否认这种感受。这就是为什么有很多人一旦在生活中停下来，内心就会有莫名的焦虑和不安。我们进入关系的基本驱动力，就是为了克服这种根本焦虑。

当我们带着这样的内在意图进入关系，并对这些意图失去觉察时，就会把希望寄托在对方身上，希望能在关系中得到对方更多的照顾来满足内在价值感需求，希望能被对方更多地看见，填补内心的空虚，希望能被对方更多地陪伴来获得安全感，从而导致我们在亲密关系中产生越来越多的控制。

而我们没有觉察到，或者故意忽略，对方往往也和我们存在相同的情况，这样无疑会把我们的亲密关系带入困境。

（1）渴望永远亲密与现实变幻无常的矛盾

我们在亲密关系中的第一个困境，就是**我们内心渴望永远保持亲密，而现实却变幻无常，事与愿违。**

我们期待在亲密关系中自然地产生永久的亲密，期盼亲密关系中总是保持温暖和相互靠近。我们期待在亲密关系中永远停留在浪漫期，永远是柔情蜜意、缠缠绵绵，但这是一种不切实际的幻想。在亲密关系中充满着挑战，并不会总是亲密的状态。再浪漫的亲密关系，也会不可避免地经历权力争夺期。

有一句话是这样说的：“你永远无法知道，意外和明天哪一个会先来。”无常，才是人生的常态；改变，才是人生最大的不变。永远不改变往往是不真实的。

拿我们生活中的例子来说，有一个形容虚假友谊的词语，非常有画面感，叫作“塑料花友情”。塑料花就是假花，我们常常会在一些酒店、宾馆或餐厅看到，很多人也会在家里摆一些作为装饰品。

这些塑料花看上去很美，不需要你经常更换，但是没有生命力，它们是假的。它们的确不会衰败，但你离得再近，也闻不到花香；它们看上去再鲜艳，也不会有蜜蜂或蝴蝶停留。这就好比你到一些山寨景观去旅游，或者看旅游画报，与你去实地旅游的区别；又好比你去看一场爱情电影，看一本爱情小说，与你真实地谈一场恋爱的差距。

关系是需要用心经营的，这一点在亲密关系中尤为重要。我们一旦进入亲密关系，就会对对方有一种理所当然的心态，认为对方是应该懂我的，是应该知道我需要什么的，甚至会幻想对方理应为我们做出改变。这些都是我们在亲密关系中存在的自动化反应。

我们不但会对对方有所期待，而且还认为对方理所当然要满足我们的期待。我们总是习惯于严以律人宽以待己，很少会带着觉察与觉知去换位思考。而对方其实和我们一样，也习惯性地对你存在同样的期待。你是否看到自己在亲密关系中存在这种理所当然的心态呢？你在亲密关系中是否存在同样的模式呢？

我们存在这样的模式，与我们的心智有关，我们习惯于偷懒、走捷径，是因为我们想少付出代价，甚至不付出代价，却想获得更大的价值。在关系中，我们也往往是这样，把通往关系亲密的钥匙放到对方手里，把关系持续亲密寄希望于对方的成长与改变，寄希望于对方为我们期待的结果担负责任。

我在训练中遇到不少女性朋友，在和伴侣的关系中很受伤害，抱怨自己为对方和家庭付出了那么多，到头来竟换来对方的背叛。她们的遭遇的确值得同情，但是这样的结果与她们自己也颇有关系。为什么不问问自己，是什么原因在生活中把自己经营成了黄脸婆？很多人认为，进入婚姻关系就是拿到一份爱情保险，而事实上婚姻中的爱情也需要经营。婚姻不是保险箱，更不是保鲜柜。如果想找到一种可以得到回报的爱，就要一直好好爱自己。

所谓的蓝颜知音和红颜知己是怎么来的呢？那都是我们想要在关系中省心、省力、省事的结果。我们需要看到的一点是，这把通往亲密的钥匙其实需要你和对方共同转动，你不转，总会有人转，你自己看着办。

想获得价值，就要愿意付出代价，在关系中同样如此。在海文学院，我们被教导，把在亲密关系中成长比喻成照料和维护关系花园。一段滋养彼此的亲密关系，需要双方都乐于在关系花园中辛勤劳作，需要不断松土、施肥、浇水、除虫、修剪等。只有这样，关系花园才能保持蓬勃的生机，开满美丽的花朵。

当然，也有一种偷懒的选择。现在科技很发达，已经可以定制机器人男友或女友，好处是可以按照你的需求设定程序，只要软件不发生故障，机器人男友或女友就会以你为中心，不会和你进入权力争夺期。

不过，这个选择也会让你的生命停止成长，让我们越来越被自己的本能和欲望所控制，就像《西部世界》所描绘的游乐园世界中游客与接待员的关系。问题是，这样缺乏生命力和养分的关系，会是你真正想要的亲密关系吗？

（2）既深入一份亲密关系而又不会失去自我的矛盾

我们如何能做到既深入一份亲密关系而又不会失去自我？这是我们接下来要谈的，在亲密关系中的第二个困境。

真正的亲密首先需要彼此心与心之间的敞开。敞开的含义，不是有选择地释放，而是全然、如实地开放，诚实地向对方袒露自己，包括呈现你内在的脆弱，使对方能真切地进入你的内心世界。

这是在亲密关系中的一个双向选择，把自我最深处的部分向对方展现，没有任何伪装或防卫。彼此都向对方选择敞开和呈现脆弱，这是亲密关系不同于其他关系的根本特征。

但我们在生活中往往更习惯于有选择地向对方展现自己，习惯于展示自己认为最恰当的样子，而非最真实的模样，以此赢得对方的喜爱、关注与肯定。而最恰当，往往本身就意味着精心的准备和修饰。由于我们在生命中养成了自我保护和自我防卫的习惯，我们认为袒露真实的自我会遭到对方的批评、指责、拒绝或抛弃，很难相信对方会接纳我们自认为不够好的那一面。

更何况我们内在的自我评价系统对于自己存在许多负面的看法，我们自己往往难以接纳自我内在认为不够好的一面，也难以相信对方能接纳我们的全部。因此在亲密关系中，我们往往会不自觉地表现出自己美好的一面，压抑真实的自己。这些都是我们失去觉察与觉知后的自动化反应。

很多人在亲密关系中渴望亲密，却又恐惧亲密。这是因为我们最初进入亲密关系时处于关系中的浪漫期，彼此之间并不真正了解，会在对方身上投射一个“完美”的形象，并以此为基础建立关系。

由于担心真实的自己不被接纳，恐惧一旦袒露自己会被对方看清，被对方拒绝、抛弃，内心有很多的焦虑和不安。我们在潜意识中存在很多对自己的负向信念，而且我们对这些信念往往是失去觉察的，甚至大多数人在一生中从未探索过。比如“如果你靠近我，就会发现我没那么好”“我其实没有那么好，不值得被你这样珍视”“你了解我之后，就可能想要离开我了”“如果我被你看清，你可能会瞧不上我”……

当然，这正是亲密的风险，很多人因为害怕承担这种风险，于是选择戴上面具隐藏自己，去扮演一个“完美”的伴侣，或者运用自我保护的工具，不让对方看到真实的自己。**这些面具**

和角色，自我防卫，甚至物化自己和对方，毫无疑问会带来好处，但是这些选择的代价是使我们在迈向亲密的过程中慢慢失去自我的真实。

我有一个好朋友，她是一个金融高手，她说在亲密关系中向对方分享脆弱时，内心的不再被爱、被抛弃的恐惧就会升起，于是她又会自动化地回到以往追求上进、深刻反省自己的惯性中，并把这份对自我的高要求带给亲密关系中的另一方，反而导致对方和自己的关系越来越远。

就像我身边有些朋友，自己很上进，只要有可能，凡是他们感兴趣的自我成长课程都要去学习。他们不仅自己这样，还要求他们各自的伴侣或合作伙伴也去学习，这样做的结果往往会引发对方内心的防卫和抗拒，反而给两个人的关系造成了负面影响。你或者你身边的朋友，有过这样类似的经验吗?

对于另外一部分人来说，这个问题可能是完全相反的，他们在亲密关系中面临的困境是:“我如何在关系中主张自我，又不会影响和对方的亲密?”这两者其实是一体的，就好像硬币的两面同时存在，而且这种现象很容易出现在刚开始追求自我成长学习的人身上。

很多人开始自我探索之后，慢慢开始觉醒，很容易落入唯自我感受独尊的误区中，往往会更多地在意自己的感受，而忽略对方的感受。在这里，我并不认为自我感受不重要，相反，我认为对自我的感受保持觉察，在亲密关系中是非常重要的。

我认为在关系中，无论是选择在意自己的感受而忽略对方的感受，还是在意对方的感受而忽略自己的感受，都是不可取的。我们在关系中要避免陷入这个困境，在我看来，不仅要保持对自我感受的觉察，还要愿意向对方分享自己的感受。**愿意选择向对方敞开分享自己的脆弱，是在关系中提升亲密度的关键点**。同时，我们也要学会请对方分享感受，并理解对方的感受，这将引发彼此的共鸣。和对方的共鸣能使我们在关系中产生亲密与连接，这会是帮助我们走出这个困境的关键。

（3）在关系中感觉被对方控制与内心渴望自由的矛盾

我们在亲密关系中的第三个困境，就是**感觉自己被对方控制与内心对自由的渴望之间的矛盾。**

我记得在很多年前，应该是在1996—1999年期间，那时候我太太还是我女朋友，我们每周见一次面。那个时期，每隔1—2周的某个周末下午，我会和几个住在附近的好朋友一起打牌。后来情况慢慢发生变化，我开始抱怨她太黏人，总要我陪着她，我觉得自己越来越不自由，牌都没的打了。

有一次对话中，一位朋友说要我谈谈自由，我猜测他背后的意思可能是感觉自己在亲密关系中越来越没有自由了。你是否在亲密关系中有同样的感觉呢？在关系中感觉自己越来越被对方控制，失去自由，并非真的人身自由被限制。失去自由，更多的是一种感觉，是一种觉得自己失去选择权的感觉。这种感觉常见于关系中比较依赖或者照顾的互动关系，这种关系中存在更多的是一种亲密状态，而非亲密品质。

回顾我和太太的情感经历，我发现她对我的依赖也是我自己造成的。我记得那个时候她在嘉定区的封浜镇上班，我在徐家汇上班，如果你对上海熟悉的话，你会知道在那个时期我们平常要见一面是很不容易的。

基本上每周五晚上下班后，我会从徐家汇出发，花一个多小时去火车站叶家宅那里和她会合，然后再一起花将近两个小时的时间回到我在梅陇镇租住的地方。周六一早我照例是要去上班的，如果她要出去逛街或者见朋友，我会把她要去的目的地的相关交通路线做好详细的规划，并写在一张纸上交给她。这些都是亲密状态，而非亲密关系。因为我这样做是希望她可以对我有更多的依赖，这其实是一种隐形的操控。

亲密状态和亲密关系是不同的。**在亲密状态中，是一个人照顾另一个人；而在亲密关系中，是彼此相互关怀**。在亲密状态中，彼此之间的关系类似于“父母—子女”的模式。很多人渴望这种亲密状态，因为它满足了彼此的需要，一方渴望被看见、被重视、被珍爱，另一方渴望通过照顾对方获得价值感和存在感。

不过，这种关系是一种彼此控制的模式，双方无法真正成长。照顾者内心其实渴望得到被照顾者的重视，将对方婴儿化或物化，类似父母照顾小孩的情形，通常会忽略对方的感受，目的通常是减轻或者消除照顾者心里的焦虑。我听过很多学员的分享，都提到一点，在他们和伴侣的关系中，往往感觉对方表现得好像孩子一样。

但是这样不能真正达到这个目的，因为只要对方表现出不再那么依赖时，他们内在的焦虑和不安就会迅速升起。**通过对对方照顾，满足自己内在的安全感，这其实是一种关系中的控制**。当对方未能满足自己内在暗含的期待时，往往会彼此指责，相互伤害。

关怀更多的是一种同理心，而照顾往往是缩小对方的行为，不相信对方可以为自己做出负责任的选择。亲密关系中体现出来的是关怀，而非照顾。关怀是接纳自己和对方，即便在真诚地关怀对方时会感到痛苦，也不会忽视对方的感受或体验，并愿意向对方分享感受。因此在亲密关系中，愿意呈现彼此的脆弱，以便彼此能深刻地理解对方。关系模式不再是“父母—子女”的接触，而是一种双方都能得以成长的“我—你”关系。彼此对自己负责，重视个人成长的价值并相互尊重。

因此，在亲密状态中因彼此控制容易感觉失去自由，而在亲密关系中则不会。亲密状态的代价是容易在关系中产生依赖和服从，失去个人成长，寄希望于对方承担责任。而在亲密关系中，彼此学习对自我负责。**只有彼此对自我负责时，才会带来亲密关系中真正的自由。**

亲密关系之所以能够成为彼此成长的最佳容器，是因为要发展亲密关系，我们需要保持对彼此高度的敏感，这需要我们在当下的自我觉察与觉知，学习承认与接纳，彼此分享、呈现内在脆弱并选择自我负责。

（4）理想中的灵魂伴侣与现实中怨夫怨妇的矛盾

我们在亲密关系中的第四个困境是，**我们渴望和对方成为理想中的灵魂伴侣，而现实生活中更多的时候是怨夫怨妇。**

在前面我们就曾谈到，亲密关系指的是关系品质，是基于在关系中承诺内心向对方保持敞开和真实，与关系的性质、关系中的状态无关。我在训练中曾经不止一次听到学员分享自己和伴侣的关系，他们满怀激情和对未来的憧憬进入伴侣关系，渴望能和对方成为灵魂伴侣。

有一句话说，“理想很丰满，现实很骨感”。在教室中我听到更多的是在关系中的迷茫、失落、无助，甚至是绝望，很多伴侣感觉彼此在关系中越来越疏远，感觉自己不再被对方重视和珍爱，彼此常常处于一种失联的状态。不但在关系中不再亲密，甚至彼此关系破裂、分离。

就像我在前面提到的一个案例，红姐21岁的时候成家，老公离异而且比她大10多岁。结婚的时候尽管家人都反对，她却坚持认为找到了真爱，可以为了爱情牺牲一切。当她带着这份决绝的心态和对方进入婚姻关系后，10多年来对方不断地出轨、背叛。经过无数次的争吵依然没有变化，她渐渐变得麻木，对婚姻不再抱任何希望，两个人的关系名存实亡，进入了典型的关系发展偏离状态——冷漠。

我问过很多人同一个问题，你认为怎样才算是灵魂伴侣？有的人认为彼此要价值观相同；有的人认为要相互理解、信任、尊重和欣赏；有的人认为要共同学习成长，追求灵性层面的契合；等等。我太太对灵魂伴侣的理解是双方在思想、精神层面乃至灵性层面的同频共振。每个人对于灵魂伴侣的看法都不尽相同。

在我看来，与其谈论如何才能成为灵魂伴侣，不如谈谈如何才能成为亲密伴侣。在这里，我更愿意用亲密伴侣这个表达来代替灵魂伴侣。在前面我就提过，亲密关系与关系的性质无关。在生活中，很多人往往会与闺密或好兄弟建立起亲密关系，可以和对方无话不谈，甚至分享自己内心最深处的秘密，彼此在关系中心与心的敞开与靠近远胜过对待伴侣。这样的状态和经验，你是否熟悉呢？

在伴侣关系中，有人形容这是一座围城，城里的人想走出去，城外的人想走进来。也有人把婚姻比喻成爱情的坟墓，以致很多人在关系中徘徊，不敢结婚。婚姻中“七年之痒”的说法似乎印证了这样的观点，导致很多人对婚姻持悲观的态度。怨夫怨妇模式背后的真相，是当浪漫期的激情褪去，对方在自己心目中的“完美”形象破裂，继而进入权力争夺期并一直停留于此，或者进入了关系的偏离状态。

理想中的灵魂伴侣和现实中的怨夫怨妇关系模式的矛盾，反映的是受害者的态度：把关系中的问题完全归咎于对方，缺少对自我的反思。受害者心态背后的目的不仅仅是推卸责任，或者维护自己的好形象，更“妙”的是还能以此来操控对方，并要求对方做出改变，或者要求对方为现状承担责任。在伴侣关系中想改变、控制对方，并理所当然地认为对方应该满足自己的期待，最终带来的结果往往适得其反。

而亲密伴侣意味着在关系中从控制到敞开，彼此之间毫无保留，袒露、分享自己。只要伴侣之间相互诚实、开放地展露自己，亲密的程度就可能不断提升。在这个过程中，彼此卸下角色面具和防卫，就能够更加清晰地认识自己与看见对方。

我有理由相信，我们在亲密关系中面对的困境远远不止上面谈到的这四点。当我们深陷其中时无疑是痛苦的，那么问题来了，为什么我们要去经历这些呢？能不能不经历这些痛苦呢？如果你有机会选择不经历关系中的这些困境，你会不会希望自己有这样的关系呢？

也许在不久的将来，这样的愿望就有可能实现。我们可以看到很多相关的报道，在日本和欧美已经有机器人男友和机器人女友出现，特别是在日本，很多宅男按照自己梦中情人的标准去定制机器人女友。将来，会有越来越多的人选择机器人伴侣，因为机器人伴侣不但对你百分之百服从，不会和你有权力争夺期，而且可以根据你的喜好选择多种模式。

如果你是个男生，你可以设定对方甜美、温柔，也可以设定娇俏、可爱，或者端庄、大气，还可以有不同的角色扮演。当你在外面受到打击，回到家时还可以设定对方为心灵疗愈师模式，让你瞬间满血复活。最重要的是，对方不会生气回娘家。如果回娘家也只有一个目的，就是如何升级服务，更好地满足你的要求。

如果你是个女生，你可以设定对方阳光、活泼，也可以设定温暖、细心，或者善解人意、柔情蜜意。对方会对你一往情深，视你为女神，对你百依百顺，不会发脾气，从你踏进家门开始就给你女王般的待遇，不但主动、贴心，不用你干任何家务，也不需要你迁就。

然而，机器人伴侣没有灵魂，这样的关系缺乏心与心的连接，是苍白且没有生命力的。对于生命的成长来说，是没有养分的。**你在这样的关系中得到的不是爱的滋养，而是欲望的放纵**。这样的伴侣关系，看似很美好，听起来不会有痛苦，但我想说的是，在生活中，没有痛苦的关系恰恰是最痛苦的关系。痛苦，是生命成长的养料之一。

人生逃不开因果定律，有果必有因。我们人生中所有的结果都与关系有关，关系现状的背后，反映的是我们在关系中的心智模式和信念系统，以及由此做出的一系列选择。相由心生，这个“相”指的是我们所有的外在呈现和在外在世界取得的结果，这些都是由我们的内心世界决定的。从这个意义来说，我们每个人自身才是一切的源头。

结语

关系中真正的亲密，指的是两个人因彼此之间承诺心与心的靠近和敞开而带来的亲近与了解。这份承诺，更多的是对自己的，承诺自己在关系中向对方敞开。你并非在任何关系中都需要做出这个承诺，除非你们彼此渴望与对方建立亲密关系。

亲密关系是所有关系的核心，是基于关系的品质来定义和衡量的，与你和对方在关系中的性质无关，与关系中的状态无关，也与关系中是否存在性无关。关系中的亲密，与身体的距离和空间无关，也与你认识对方有多久无关。空间和距离的近，相处的时间长，并不会自然带来亲密。亲密其实是你和对方彼此之间的一个选择。彼此在关系中选择内心向对方敞开和靠近，这就是亲密关系建立的基础。

亲密不代表对方不可以有自己的隐私，也不代表对方一定要给你对等的回报，更不代表在亲密关系中不能有冲突。最后，千万不要幻想你遇到的下一个人会更好。在亲密关系中，与其幻想下一个人会更好，不如选择自我成长。

关系中的亲密，还包含好奇、信任、理解、尊重、包容、关怀和欣赏这些心态和特质。**亲密，就是从我的心出发，与你的心相遇**。我们在亲密关系中成长时，就进入了一个彼此遇见更好的自己和对方的旅程。结果与认知息息相关。你的认知决定了你的结果。**你的认知不改变，结果就不会不同。**

我们在亲密关系中的种种误区与困境，其实都是我们每个人自己内心世界的外在反馈。它是最好的镜子，可以帮助我们彼此看清自己生命成长的卡点和方向。这面镜子的光亮程度，取决于我们每个人的自我觉察与觉知能力。因为当我们失去觉察与觉知，进入自动化反应时，我们将无法走出亲密关系中的误区与困境。

彼此敞开和靠近的亲密关系是我们大多数人对自我探索、唤醒自我内在力量的最佳路径。我们正是借由在亲密关系中发生的各种事情，借由我们在亲密关系中面对误区与困境的自动化反应所呈现出的习惯和模式，反求诸己，探索自我心智模式的盲点，探寻心智模式底层的信念系统和价值观，从而使我们的心智系统不断升级，心智维度不断提升，活出更好的生命状态和更高维度的生命质量，甚至活出更高级的生命版本。

线下团体体验式学习工作坊的魅力，就在于你可以有更多的镜子，从不同的角度，更全面地看清自己。你会有更深刻的身体和心理体验，而不是在这里听我讲道理。在团体工作坊中学习如何在亲密关系中成长，会带给你更加深刻的体验和学习。

练习

阅读完本章后，请思考以下问题：

（1）检视自己的关系圈，你在和伴侣、孩子、父母、合作伙伴、朋友等的关系中，和哪些人渴望建立亲密关系却事与愿违？你认为这个结果和你有关的原因是什么？

（2）请对照这五个对亲密关系的认知误区，你看到自己在亲密关系中存在哪些误区？这样的认知误区与你的什么深层需求有关？这样的认知又会如何影响你的亲密关系？

（3）检视你生命中所重视的亲密关系，你看到自己在这些亲密关系中，分别存在怎样的困境？通过这些状况，你看到自己在亲密关系中存在怎样的心态和模式？

（4）为此，你在和对方的亲密关系中付出了哪些代价？你从中学习到什么？如果可以重来，你会有什么不同的选择？

（5）在你的生命中，有哪些人你正准备向他敞开心扉靠近？你满意自己当下和对方的关系吗？如果不满意，是什么阻碍了你们在关系中真正达到亲密呢？在你们的关系中，对于你来说，什么才是最重要的呢？接下来你愿意为此做些什么？

第四章

承认与接纳

引言

当我们在关系中能在事情发生的每个当下保持自我觉察与觉知，就能放下对对方的成见和期待，踏上唤醒内在力量的第二步——承认与接纳。

放下成见和期待的意思，并非指对对方抱有成见和期待就是错的，而是指当我们不再执着于关系中的成见和期待，就不会被自己过往固着的自动化反应和心智模式所掌控。

承认与接纳，一方面，指的是诚实地面对内在自我对对方的成见和期待，并承认与接纳自己因此产生了固有的自动化反应和模式。对自己在关系中存在成见和期待的否认与抗拒，往往会带来对内在自我的负向评价，并会产生内疚和负罪感。我们往往会为了向对方证明自己是对的，而在关系中产生更多的对抗与争吵。

另一方面，这意味着承认与接纳对方与自己存在的差异，比如我们是可以对同一件事有不同看法的，我们是可以存在不同的习惯与模式的。同时，承认与接纳对方也会对你存在成见和期待，并会因此愿意理解对方由此发展出的感受和情绪。我们这样做的时候，就更能在当下接纳彼此的态度，能更充分地了解并理解彼此。

更重要的一点是对自我的承认与接纳，这意味着对自己的看见，看见自己的完整与真实。我们将不再借由在关系中照顾、讨好或控制来满足自己内在的期待和渴望。当我们愿意自我承认与接纳时，就会对他人有更多的同理心，对自己有更多的慈悲心。

事实上，**在关系中从兴奋迷醉的浪漫期进入充满对抗的权力争夺期，在很大程度上是因为我们不愿意接纳彼此存在的差异，并总是习惯性地要求对方做出改变**。彼此的承认与接纳，能使我们在关系中不再陷入成见和期待的自动化反应，不再落入对错的窠臼，不再只是筑起心墙进行自我防卫，或者意图控制对方，要求对方改变，而更愿意敞开、分享自己，和对方建立有效的连接。

1.关于成见和期待

《哪吒之魔童降世》中有一句台词：**“人心中的成见是一座大山，任你怎么努力都休想搬动！”**这句话入耳便觉沉重，人到中年更能体会到其背后传达出的无可奈何。

成见，意指我们对人或事物所抱持的固定不变的看法或想法。成见是一种固定的认知，又可称为“定见”。**成见本无好坏对错，有成见没问题，但是把成见当成事实就会产生问题。**

期待、期盼和等待，意指对未来未知的某个时刻或者事物产生的一种憧憬和向往。在关系中，期待既包括对自己的期待，也包括对对方的期待，以及认为对方会对自己存在的期待。

成见，是过去形成的信念，并非当下的事实。很多时候，我们自以为向对方表达的是事实，其实表达的是自己的解读和评判。当用以下这些句式和对方沟通时，其实你只是在告诉对方你对他的成见:“你总是这样”“你就是这样的”“你永远都这样”“你从来都……”“你一向如此”等。**你对对方的每一句评判背后，都隐藏着你对对方的成见，以及你在对方那里未被满足的期待。**

人心中的成见是一座山，要移开它真的很难，因为**我们对对方的成见，往往折射出我们内在的价值观和深层的期待、渴望。**我常常揶揄我太太喜欢搞双重标准。无疑，这是我对她的一个成见，这个成见的背后，是我对公平和平等的渴望。在我的印象中，很多时候，同样的事情，她可以做，因为她是女人；我就不能做，因为我是男人。比如，她可以抱怨我，我就不可以抱怨她。我时常因为这种不公平而愤怒，现在想来觉得自己有点小心眼。

我对她还有一个根深蒂固的成见，即她总要控制我。这个成见的背后，是我对自由的渴望。我是个惧内的人（这不是成见，是我的墙和盾牌），于是只能在内心默默责怪她对我不够信任。我看到自己对她有这些成见，是因为我的核心价值观是追求公正、平等、自由、尊重和自我价值。我渴望得到尊重，实现自己的价值；我期待得到她对我的尊重和信任。所以，在生活中我对于是否公正、平等、自由、受到尊重和是否有价值很敏感，很容易因此引发内心的感受，并产生情绪。

一个很容易情绪化的人，往往在心中对他人和环境有很多

成见和期待。因此当对方的表现或环境不合他的心意时，就可能产生负向感受，并进而发展出愤怒的情绪和指责批判的行为，这样无疑会影响彼此的关系。成见往往会对关系产生很大的影响，彼此的成见有多深，对关系的影响就有多大。

人生的三重境界，第一重是**"看山是山，看水是水"**。我们生而为人，通过五感认知这个世界，最初的我们内心纯洁无瑕，因此看到山就是山，看到水就是水。后来，我们在成长的过程中开始形成自己的价值观和信念，对人和事物有了各自不同的成见或定见，会在事实的基础上加入自己的解读和演绎，正所谓**"看山不是山，看水不是水"**，这是第二重境界。

当我们继续成长时，看到自己就是一切的根源，所有外在世界不过是我心本体的外在投射，继而明心见性观自在，正所谓"菩提本无树，明镜亦非台。本来无一物，何处惹尘埃"。让自己成为一面明镜应而不住，过而不留，回归初心，这就是第三重境界——**"看山还是山，看水还是水"**。

人心中的成见是一座大山，要移开它其实也不难。当你能看清这座大山是你的成见时，这座大山也就移走了。

2.成见与童年的关系

成见，是过去形成的信念，形成的时间离现在越久远就越牢固，越难以改变。我们在关系中会对很多人带有成见，特别是对家人的成见可能在童年时就形成了，这一类成见往往会给我们的关系带来巨大的影响。

在一次训练中，学员阿鲁对他的父亲有一个很深的成见，他说：“我认为我的父亲和我们不是同类。”并列举了很多生活中发生在他和父亲之间的实例来证明这个观点，甚至可以追溯到他只有三四岁的时候，他的父亲就会用很冷酷的手段来对待他，比如把他扔到水沟里。在他心目中，父亲对家人严苛、冷漠，对外人反而很热心。

“他不只是不爱我，他简直就是在摧残我！”听到他越来越激动的控诉，我感受到自己内在的悲伤，和他有一种内在靠近的感觉。我自己在童年成长的过程中，亦被父亲严厉对待，常常会在做错事的时候被父亲惩罚。我小时候很顽皮，跪过扁担，没少挨鞭子，也没少被踢屁股。我记得，读小学时有一次和其他小朋友玩得正开心，听到父亲高声呼喊寻找我，我竟然被吓得弹跳起来落荒而逃。

我问他，是否在内心很渴望得到父亲的爱？在他从小到大的成长过程中，是否曾感受到父亲的爱？他仿佛被什么击中，停顿了一下，再次开口说话时声音已有些颤抖，眼睛有些发红，眼角也慢慢变得湿润。他哽咽着说，记得小时候有一年夏天农忙，父亲破天荒地买了一元钱的雪糕给他吃，以前最多只是吃过几分钱的冰棒。不过很快，他就抹了抹眼角，让自己从这种感受中抽离出来，继续表达对父亲的控诉。

那一刻，我仿佛看到一个满怀委屈、愤怒的小男孩倔强地站在我面前，这种委屈、愤怒和倔强是我很熟悉的。在我读初中的时候，有一年春节随父亲去三姑家拜年，和表哥表弟们一起在三姑家玩捉迷藏。很不巧，那一天我们回家后，三姑发现家里有些钱不见了。几天以后，父亲问是不是我拿了三姑的钱，要我交出来。我很愤怒，感觉受到莫大的冤屈和侮辱。我竟然会被你认为是坏孩子，是小偷！我心中暗暗发誓，从此再也不去三姑家！

从那以后，长达20多年，我一直骄傲地遵守着我的誓言。直到几年前的一个春节，我终于放下多年的心结，去看望了三姑。看到三姑开心的样子，我内心很复杂，既有与亲人和解的喜悦，也有对过去自己浪费光阴的遗憾。我为了证明自己是对的，也为了维护自己的面子和尊严，竟然付出了20多年和三姑切断情感连接的代价。

过去与三姑和解之前，每每想到或听到有关三姑的任何话题，就仿佛时光倒流，我的心智系统中与三姑的关系模式就让我瞬间变成那个内在充满委屈和愤怒的小男孩。同样，阿鲁尽管人到中年，看上去成熟稳重，在商场亦是能力出众，但是由于内在对父亲的期待和对父爱的渴望一直未被满足，他心中始终有一个对父亲满怀委屈、愤怒甚至怨恨的小男孩。

从小我在心中就和父亲存在距离，后来我母亲因病去世，更加深了我对父亲的看法，认为他没有守护好母亲，父子关系更加若即若离。虽然我的理智告诉我，要孝顺父亲，但是我在情感上和父亲是疏远的。在我心中，真正意义上实现与父亲的和解，是我有一天看到并接纳自己内在那个对父亲愤怒指责的小男孩，同时也清楚地看到自己内在底层真正的渴望，从那一刻起我内在的小男孩真正长大了。

从那个时候开始，我才愿意放下对父亲固有的看法，愿意站在一个男人的角度去理解父亲。我选择相信父亲是爱我的，而且一直在用他认为对的方式爱我。因为我也做了父亲，在深爱儿子的同时，我也同样要面对倔强的儿子对我满怀的委屈和愤怒。当我愿意转换我的观点和态度时，我就发现父亲同样深爱着我，正如我也深爱着他。

如果拒绝让自己内在这个充满委屈和愤怒的小男孩长大，我和父亲的关系不会有新的可能性。对于阿鲁来说，同样如此。事实上，在过去近10年中，他和父亲的关系一直很不好，最近3年更是雪上加霜，近乎隔绝的状态。

要知道我们拒绝长大是有好处的，比如可以证明自己是对的，可以让自己有一个合理化的理由逃避，可以不用为自己的人生现状负责任，可以把人生不如意的责任都推卸给原生家庭，等等。只有愿意放弃这些好处，到一个自我负责的位置，才可能有不一样的结果发生。

我有一个朋友，已过而立之年，无论是家庭还是事业，一直很不如意。时至今日，他依然对自己的父母满怀怨恨，认为他们应该对自己目前一事无成的现状承担责任，认为是他们无能，没有为自己创造好的条件。但他没有看到，被他不断指责的年迈的父母，还在苦苦地支撑着家庭，承担着本应属于他的照顾小孩的责任。

在工作坊的课程结束前，有一个女同学分享了她和父亲的关系。她也是人到中年，在参加工作坊之前，她一直认为父亲重男轻女，只爱弟弟，不爱自己。她记得童年的时候，父母经常吵架，每次吵完架母亲就抱着她哭，边哭边说如果她是个男孩儿就好了，自己就不用受这么多苦了。因此，这么多年来，她一直和父亲很疏远。她说，她现在相信父亲是爱她的，她回去后一定要好好地爱父亲。看到她的泪水，我也很感动。

阿鲁在讲到父亲时，一直不断重复的语句是：他作为一个父亲，应该如何。这些“应该如何”的背后，是阿鲁“理所当然”的心态。他认为作为父亲理应懂得孩子要的是什么，理应为孩子做些什么，理应满足孩子的期待。我们很多人，终其一生都在渴望拥有“完美”的父母。

我们的确没有“完美”的父母，但如果我们愿意中立地去看，其实他们一直在用他们所知道的、他们认为对我们最好的方式爱我们，就像我们对待自己的孩子一样。很多时候，只是他们爱我们的方式不被我们接受，因为那并非我们心中期待的方式。我们很多时候因为父母爱的方式不符合我们的期待，就选择相信他们是不爱我们的。

只有让自己内在的小孩长大，才能放下内在的成见和期待，我们才能在关系中找到自我负责的位置，真正获得属于自己的力量去创造更加美好的人生。

3.期待背后的“理所当然”

我们会在关系中对对方存在期待，背后是我们在关系中“理所当然”的心态。我们不但对对方心存期待，而且认为对方理应满足我们的期待。同时，我们总是在潜意识中期待对方和我们一样，比如要有一样的行为习惯、价值观等。如果不能满足就是不应该的或是错的。我们很抗拒在关系中存在差异，关系越亲近越是如此。

我其实是一个有很多标准的人，不但常常会用这些标准要求自己，而且会用这些标准要求别人。太太是离我最近的人，所以总是被我要求，时常被我弄得心情很郁闷。一天早上，我们一起出门办事，太太在车库外的车道上等我。车库门外就是小区的主干道，太太边看手机边慢悠悠地走过来，我急了，说："快上车！快上车！快一点！"语气急促，像连珠炮一般不断催促她。

太太白了我一眼，刚一上车就抗议："急什么急！那么急干什么！"我不禁火上心头："这是主干道，你还慢吞吞地看手机！后面有车怎么办？我们要注重社会公德！"我为了证明自己是对的，把这件事情提升到更高的社会道德范畴，心想，你还敢不认错吗？太太被我气得不怒反笑："这不是前后都没车吗？"

我意识到自己又进入自动化反应状态了，在当下我没有带着觉察。我看到，其实刚才让我发火的原因是太太没有满足我对她的期待。我的标准背后隐藏着我内在的期待。我做事追求速度和效率，我期待身边的人也可以和我一样有快速和高效的习惯，动作慢和效率低的人总是被我嫌弃。我潜意识中认为，动作慢和效率低是在浪费时间，而浪费时间就是在浪费生命，因此我绝不允许自己浪费时间。时间是宝贵的，是要用来创造价值的。

我过往的生活就是不断给自己设定目标，然后朝着目标不断向前冲，完成一个目标就奔向下一个目标，很少让自己停下来欣赏沿途的风景，因为我认为那样会浪费时间。过去很多年，我一直紧绷着神经，不敢松懈，生怕自己会落后，被社会淘汰。我觉得这样可以给我安全感，觉得一切尽在我掌控中，同时我也付出了代价，就是很少能感受到生活的乐趣，日子总是过得匆匆忙忙。

神经紧绷的另一个结果是我在生活中缺乏弹性。因为担心不够高效，我习惯于设定目标后按照预定的计划前进，一旦过程中计划改变就会让我觉得不舒服。就像这天晚上，原本准备和太太去小区里散步，和我岳父岳母一起来上海过暑假的上小学二年级的小侄女喜欢黏着姑姑，非要和我们一起去。我正在门外等太太出来，听到她应允小侄女，我就对她说："那我就不去了，你带小朋友去吧。"

太太有些诧异，问我怎么了。我觉察到自己的不舒服，是因为我潜意识中认为带着小朋友一起散步会很麻烦，我担心被她拖慢脚步，延误时间。我还想，是不是可以散步回来在电脑上写点东西呢！我意识到是要陪太太去散步，又不是急行军。我又进入自动化反应状态了，焦点又放在了我的个人期待和需求上。转念之间，我笑着对她们说："走吧，一起去散步吧。"一路上小朋友很开心，太太也很开心，我也感受到内心的平和与温暖。

在朋友们眼里，我是一个温暖、包容的人，很爱护太太，都认为我太太遇到我很幸运。而事实上，真正幸运的人是我，真正包容的人是我太太。我太太既是伴侣，又是我成长路上的良师益友。从1988年和她初遇，这么多年来，在太太身边，很多时候我会任性得像个17岁的男生，在保有激情和浪漫的同时，也很容易进入自动化反应状态，时不时有些小情绪、小火花冒出来。

我总是把最好的一面留在外人面前，以前做房产时就留在我的客户们面前，现在做培训就留在我的学员们面前。而我会把任性、挑剔、自我、缺乏耐心、指责和愤怒留在太太和儿子面前。太太是一个有智慧的女人，每当我有情绪的时候，总是让着我，事后跟我“算账”。以往她会问我：“你对你的客户会这样吗？”现在换了个问法：“你对你的学员会这样吗？”时常让我惭愧之余，不断反思进步。

在生活中，我们往往会有“理所当然”的模式，常常挂在嘴边的一句话是“你应该怎样”。理所当然模式会让我们对身边的人缺乏好奇心和包容心，不允许、不接纳对方和我们的不同，看不到差异背后各自的美好。我们往往会因为差异引发关系中的冲突，如果在自动化反应中彼此总是要证明自己是对的，最后反而纠缠在权力争夺期，输了彼此的关系。差异，可能也是一个新的开始。带着好奇，多些接纳和允许，生命就会开始新的过程，我们才会在关系中不断地学习与成长。

4. 谁的需求？

我有一个好朋友，儿子在外地上大学，他很在乎孩子的成长，因此对孩子的微信朋友圈非常关注。

他是一位对自己严格要求的父亲，认为男孩长大了言谈举止就应该合乎时宜，希望孩子可以更加自律、明理、有智慧。因此，但凡看到儿子在朋友圈发的内容不入他的法眼，他就会心生“无明”，火速私信提点儿子，纠正儿子的错误。孩子当然有自己的想法，多数情况下并不买账，有时迫于父亲的权威妥协，但内心并不服气，因此父子关系总有些磕磕绊绊。

这让我想起一个寓言故事。小白兔要和小鱼做好朋友，它每次都会带上自己最爱的胡萝卜送给小鱼吃。有一天小鱼实在受不了了，蹦起来说：“你要是再送我胡萝卜，我就和你翻脸。”小白兔很委屈，心想我把自己最爱的东西送给你，你怎么这么不领情？小白兔没有看到，自己最爱的却是对方讨厌的。

其实类似的戏码在你我身边正不断上演，我们在关系中总是自以为是，想当然地认为对方应该满足我们的期待和要求，认为自己的需求就是对方的需求。就像前面提到的父子关系中，要孩子更加自律、明理、有智慧，那只是做父亲的需求，是他对孩子的期待，而且自以为是地认为孩子应该满足这份期待。

我们在生活中常常会对身边的人有很多的需求（期待和要求），比如父母希望孩子更听话，更懂事，学习成绩更优秀；做太太的希望先生可以对自己更加温柔体贴，有更多的时间陪伴自己；做先生的希望太太能贤良淑德，上得厅堂，下得厨房；做老板的希望员工可以更加负责、更有担当，创造更高的绩效；做员工的希望老板可以更加宽厚仁慈，多发点薪水。

对对方有需求并没有错，但是认为对方理应满足自己的需求就会产生问题。因为当我们这样想的时候，其实对方可能也是这样想的。我们总是严以律人，宽以待己，认为对方应该满足自己的需求，但总是假装看不见对方对自己的需求，很少问自己满足了对方多少需求。当父亲希望孩子更加明理、懂事时，却没有看见孩子对父亲也存在同样的需求。当父亲认为孩子幼稚并为此大动肝火时，却没有看见自己同样缺乏智慧。

我们常常是在以爱之名，行控制之实，这不是爱，而是伤害。真正的爱，在于允许和接纳对方不满足自己的需求。真正的爱，是我愿意先看见对方的需求，并接纳对方有他自己的需求，无论对方的需求是否符合我的需要。允许和接纳，才会在关系中开始产生真正的连接。

过去我对儿子很挑剔、苛责，他就像一个被我以爱之名控制的囚徒。我以为我一直在用爱给他营造一个温暖的家，但也许对于他来说那只是一个开着暖气的囚笼，虽然身体是温暖的，但内心是冰冷的。

我看到在我过往的潜意识中，孩子只是一个工具，他存在的意义和价值理应包括给我带来荣耀。我对他的挑剔、苛责和控制，其实是因为我期待他可以带来我需要的荣耀，而眼看这份期待要落空的焦虑和恐惧，会让我对他失去耐心和包容，也看不到他身上那些被我忽视的闪光点。

儿子其实有很多优秀的品质，他不但正直善良，而且热情率真，做事认真负责，有上进心和恒心。除了获得“军训标兵”的荣誉外，他刚入学就被老师选为班级负责人；练了不到两个月的篮球，命中率就超过我这个自诩的篮球高手；练网球起步虽然很晚，不过在中学用4年时间就获得“国家二级网球运动员”

的称号。

我过去一直自以为是地用我的标准要求并衡量他，一直在按照我自己单方面的意愿规划他的人生，而且理所当然地认为他应该接受我对他做的这一切，因为我这样做是为他好。既然我是为他好，我就是爱他的。既然我是爱他的，他就要听我的。这个爱的包袱过于沉重，过去一直压得儿子喘不过气来。

写到这里，我很难过，过去我所谓的爱有多么强烈，给他带来的伤害就有多么大。我也为他在过往岁月中所承受的巨大压力而感到悲伤，他那些意图张扬自己个性的枝丫，都被我这个冷酷的“设计师”无情地剪除了，因为那不是我想要的。我看到因为我的自私，他在过往的生命中有太多的压抑和挣扎。

这几年在我的训练课程中，我听到很多父母分享和孩子之间存在的问题。我们关系中的搅动和冲突，往往源于我们的自以为是。我们总是自以为是地认为对方应当和我们一样，无论是行为、思想还是价值观。我们总是自以为是地认为我们为对方付出了很多，对方就应该满足我们的期待，应该达到我们的标准。

我们很少真正地了解对方的需求，因此一直在上演“小白兔给鱼喂胡萝卜”的戏码，总是以为我们给对方的就是对方需要的。我们习惯给孩子物质和金钱上的帮助，却忽视了给孩子爱与陪伴才是对方成长岁月中必不可少的元素。**我们常常习惯用凹透镜和凸透镜来看待孩子。孩子原本是没有问题的，每一个问题孩子的背后，一定有需要改变和成长的父母。**

和儿子关系的转折源于我走上自我探索的学习之路。我开始愿意接纳孩子和我是不一样的，他可以达不到我对他的期待，他可以为自己的人生做选择。我对他所有的付出，仅仅是因为我爱他，不再有潜藏的条件与此交换，他不必用荣耀来回报我。在他面前，我不必总是一副高大的形象，我也可以向他示弱；当我无心伤害了他时，我也会对他说“对不起”；当他拒绝我时，我也会告诉他“我很难过”；想他了，我会告诉他“老爸想你了”。

我们的所见和人生中所有的结果，包括关系在内，都是我们内在心智模式和信念系统的外在表现。从这个意义来说，我们的世界由我们的心幻化而成。当我们开始改变时，世界就会开始改变。让我们不再说教，不再指责，不再忽视，不再冷漠与自私。孩子更需要的，是我们发自内心的无私之爱与有温度的陪伴。

5.控制的代价

毋庸讳言，我们在关系中存在期待。在关系中存在期待本身不是一个问题，但要对方理所当然地满足自己的期待，就会带来大问题。这实际上是一种控制，是期待对方可以改变来满足我们内在的需求。

这种控制，带来的结果是让关系进入权力争夺期。如果在亲密关系中这样的模式不改变，会让关系一直处于权力争夺期，并有可能将关系带入偏离状态，比如分离，放弃和对方的关系。

我一个很好的朋友婚姻触礁。前不久我们一起喝茶，聊到了他和对方在婚姻中的相处模式。通过他的坦诚分享，我看到他们之间的关系就是典型的由于一直停留在权力争夺期而最终导致分离。

他们两个人经朋友介绍认识后，很快就升温进入热恋的浪漫期，没过多久就进入了婚姻的殿堂。这是因为在两个人关系的浪漫期，他们在彼此面前极力展示出自己美好的形象，而且恰好符合对方内心对另一半的期待。在浪漫期通过敏锐的观察，展示精心设计的形象，这几乎是我们在亲密关系浪漫期的本能反应。

我的这个朋友为人豪爽热情，对朋友热心付出、照顾有加。他不但事业有成，而且顾家，在外呼风唤雨，回家后可以为老婆端茶倒水，对她百般宠爱。他太太则美艳如花，不但在外待人接物大方得体，而且在家里和他的家人相处得十分融洽。

我朋友的太太从小缺乏父爱，而他稳重体贴的形象非常符合她内心对于“完美”伴侣的想象，对她的照顾让她内心的安全感得到极大的满足。慢慢地，两个人的关系演化成“父亲—女儿”的照顾模式，她内在自我、任性的一面开始不断地展现。

她由于缺乏内在安全感，对他的控制越来越多，两个人的关系在婚后很快就进入争吵不断的权力争夺期。她会随时检查他的电话、微信，而且他的手机不能关机，她打电话他必须立刻接听；他也不能和其他异性有过多的接触，不熟的异性朋友的电话和微信必须当着她的面删除；她的情绪化问题越来越严重，常常不分时间，不分场合，不分对象。

而他在关系中从浪漫期开始，就一直活在太太对自己期待的形象中，既会觉得自己不符合“完美”形象而内疚，又会责备对方像个孩子不懂事。内在的拉扯和外在的挤压让他越来越焦虑、抑郁，而她因为他不被自己控制而产生越来越多的失望和愤怒，不断的争吵也给彼此和家人带来很多困扰和伤害。于是，为了不给彼此带来更多的痛苦，他们选择结束婚姻关系。

通过结束和对方的关系走出权力争夺期，背后的核心原因是自己不愿意改变，但期待对方改变或者意图控制对方做出改变，以及在关系中的自以为是和理所当然，总认为自己才是对的。双方在分离时，如果不能处理好彼此内在的伤口，而是盲目地认为进入新的浪漫期就能缓和痛苦，就不能从这一段关系的失败中得到成长。

在这一段关系中没有做好功课，会让你在下一段关系中继续付出代价。下一段关系中，往往只是换一个主角，同样的模式，同样的剧情，同样的冲突，再次宿命般地经由权力争夺期进入关系的偏离状态。

6. 自我承认与接纳

和太太的亲密关系，是我在生活中修行最好的道场，我认为自己最大的成长就是在和她的亲密关系中的学习。我们是高中的同班同学，从1988年相识，1990年恋情开始萌芽，1999年步入婚姻殿堂，相互陪伴的岁月已经超过30年，知己知彼可谓日久。

我是一个爱挑刺的人，而且总是习惯性地认为只要我能做到、做好的，对方也应该如此。因此在生活中我常常会为了一些鸡毛蒜皮的事和她斗嘴，不过我总是败多胜少。到最后即便偶尔我赢了，内心好像也不觉得很快乐。甚至有时候太太被我说得不开心，不愿意搭理我，我还要费尽心思找机会逗她开心。我常常事后反思，总是感叹当初不该没事找事。

不过俗话说“江山易改，本性难移”，我这个模式一直存在，每每事到临头又会自动启动。这不，早上太太在厨房忙活早餐，我从楼上下来，远远地就闻到一股熟悉的灼烤的味道。我赶紧跑进厨房，指责道：“怎么回事，水又烧干了！你看看你，总是这样！我老远就闻到水烧干了！你是怎么搞的！”

太太还有一些在我看来不对的习惯，不管我说她多少次，她就是不认错也不改！我只能暗自生气。不过后来我学聪明了，顶多暗自嘟囔，不太敢明讲。比如每次她洗完澡，弄得一地水，我忍不住碎碎念，她反过来一句：“不要讲了，你拿拖把处理一下。”搞得我差点当场晕倒，合着还得我来收拾残局。

在家里我给太太起了几个雅号，其中一个叫作“谭有理”，不管怎样她都是有理的，千错万错都是我的错。她错了也是我的错，谁叫我让她错，她是因为我才错的。所以说到底，都是我的错。她还有一个雅号，叫作“双面人”，即总是用双重标准对待我和她。写到这里，忽然觉察这么多年，都是我在挑太太的不是，我总是理所当然地指出她做得不够好的地方，而忽略了太多其他东西。

我一直以为在家里我是那个很有包容胸怀的人，后来突然发现原来我才是那个小心眼的家伙。比如，我嫌弃她反应不够快，是因为我性子很急；我挑那么多刺，是因为我不想给自己造成麻烦；我很多时候摆臭脸，是因为我想要她听我的，而不是我听她的。我觉察到，在我们的关系中我很自动化地以自我为中心，而她其实总是在包容我的小性子。

有时候，即使和朋友们在一起，我也不太会给她留面子。比如在表达各自的观点时，我会自以为是地纠正她说的话，美其名曰这样更加严谨、精确，而不顾及她的感受和想法。其实我更在意的是我的面子，我认为讲出那些在我看来有些幼稚的言语实在不够有水平。太太却总是在朋友们面前给足我面子，我常常被她夸得不好意思。写到这里，不禁感叹，和我这样一个小心眼、低情商、高要求的人一起生活这么多年，太太委实不易。

我就像是一个浑身长刺的刺猬人，总是很难接纳太太和我的差异，还总喜欢挑她的毛病。你是否从我这面镜子中看到自己的投影呢？我这样的习惯和模式背后，隐藏的是我的自以为是和在关系中理所当然的态度，以及我期待她能改变以符合我的要求。当我觉察到自己的这个模式，并承认与接纳它时，我就对自己有了更多的了解。

要放下执着，就要先承认与接纳自己存在执着。一个不承认自己心中有黑暗的人，心中的黑暗就会永远伴随他。

我承认与接纳我是一个自以为是的人，一个敏感挑剔、有些冲动的人。同时我也看到，当我放下对错评判而去感受对方时，我的敏感让我在和太太的亲密关系中情感更丰富、更体贴温暖。我要调整的是，不再总是意图控制和改变对方，而是对我要的结果负责。当我愿意自我负责时，我更能看见和欣赏她的特质，在我们的关系中我更有热情和行动力。

事实上，我们在亲密关系中面临的种种冲突和挑战，往往和“二元对立”的是非好坏观念有关。而对关系中彼此存在的差异的不承认、不接纳，会让我们总是在潜意识中想证明自己是对的，是足够好的。因为**这样可以给我们带来安全感和确定性，我们都在潜意识中逃避面对因不确定性带来的焦虑和不安。**

这导致我们在生活中越来越失去同理心，对他人缺乏好奇心，越来越以自我为中心和理所当然，甚至因此发展出更多的防卫机制，失去了和他人甚至环境的连接。我们看到的东西，反映的是我们的生命层次和维度。我还常常活在对与错的层次和维度，而太太总是用她对我的包容、理解、尊重和信任陪伴我。她一直在爱的层次和维度等待我，还好，她还在等我，没有失望地离开。一念及此，我的内心充满了感动、温暖和幸福。

7.开启对话，而非独白

黄焕祥和麦基卓在《懂得爱：在亲密关系中成长》一书中写道：“接受混沌，并加以处理，不是控制和压抑混沌，而是欣然接受无法预期的事，视之为新奇与创造力的来源。”我对此深以为然。承认与接纳，会开启在亲密关系中对话的契机，而不是一个人的独白。

对话与独白是不同的。对话是回应，意味着愿意向对方敞开、分享自己的感受，并和对方核对自己对当下的解读，可以彼此分享内在的成见和期待，加深对彼此的了解，强化在关系中的连接。

而独白是自动化反应，它往往存在一个假设的前提，就是把自己的解读当成事实。即便你看上去是在和对方沟通，但是由于缺乏对对方的好奇心，而更像是一种评判，甚至是批评和指责，这样往往无法进行有效的沟通。

分享几件发生在我和太太之间的小事。有一次我和太太去外地看望老朋友，当时离高铁检票还有一些时间，我便陪着太太去逛服装店。太太接连试了好几件衣服，我则在旁边帮她拿衣服。在某个时刻，我觉察到自己内在突然开始产生一些搅动，感觉到自己有些不舒服。

原来太太在试衣服的时候，有一个动作让我有些不舒服。她每拿起一件新的衣服试穿的时候，看都不看我一眼，面无表情，一言不发，随手就把上一件衣服交给我。那一刻我对她的动作有一个解读，我认为她把我当成一个侍者，对我不够尊重。正是这个解读让我感到不舒服。

以前我可能会压抑自己不去沟通，选择忽略这种不舒服的感受。不过，这种不被尊重的感觉并不会消解，而是会积压到某个点之后爆发，反而会影响关系的亲密。我选择承认与接纳这些感受的存在，在高铁上和太太沟通刚才我内在的感受与想法。太太很惊讶，她告诉我，当时因为我一直在旁边提醒她注意时间，所以她急着试衣服，根本没多想。

有一天下午我要去吴中路参加一个活动，太太要去龙吴路参加另一个活动。出发前她说让我先送她去龙吴路，再去吴中路。我感觉自己内心的火气腾一下就上来了，心想怎么这么喜欢折腾我啊。我说，这样太浪费我的时间了，我帮你叫辆车过去不就行了。我当时嗓门有点大，她也没说什么。

我继续写东西，她埋头看手机，气氛有些尴尬。我觉察到我的自动化反应又启动了，我主动给太太泡了杯茶，她抬头冲我笑笑，我问她去龙吴路具体哪个位置。我发现她要去的地方没有我原来想象的那么远，而且离地铁站很近，我只需要多花几分钟绕点路，就可以先把她送到上海南站，这样就可以兼顾了。最后，太太很满意，我也很开心。

我发现当我的计划要被她打乱时，我会焦虑、烦躁，然后启动自动化反应去抱怨她，甚至直接指责她。这些都源于潜意识中我认为太太不重视我的时间价值，这样做太不尊重我，甚至我会认为她又在控制我。我认为她理当懂我，我期待她和我一样高效，我不习惯接纳她提出我计划之外的安排。

在过去若发生类似状况，有时我会控制住情绪，然后很生硬地拒绝太太的要求，告诉她如果这样做我会迟到，再叫辆车送她。有时我会带着情绪抱怨她不顾及我的计划，即便有时不得不满足她的要求，我的内心也很不爽。还有不少时候是她一个人气鼓鼓地出门，这样往往会把彼此一天的情绪弄得很糟糕。

而这一次我及时调整自己的情绪，因为她之前和我沟通过自己内在的需求，她很喜欢和我一起开车出门的体验，会让她感觉喜悦、幸福。在车上她告诉我，这两天她身体有些不舒服，对其他车子上的异味很敏感，也希望我能多陪陪她。

我们的自动化按钮会一直存在，就像我认为自己不被尊重，被对方误解，我的价值被对方忽略或轻视，对方试图控制或改变我时，我就会启动自动化防卫机制。**在亲密关系中，只有当我们愿意不带任何评判地面对计划之外的变化，承认并接纳当下，才不会进入自己的自动化反应模式。**

当觉察到自己内在的焦虑、烦躁等感受时，承认并接纳自己当下的状态，才会愿意向对方分享，而不是试图忽视或压抑这些感受、情绪。坦承自己内在的脆弱，这样才能在关系中产生有效的沟通，才能避免落入权力争夺期的陷阱，在关系中混乱的充满张力的能量才能转化为互动、交流和个人成长的动力。

8. 亲密关系发展的平衡稳定器

在亲密关系中存在的差异，是关系进入权力争夺期的重要因素，就像是一种充满活力的不稳定因素，会给关系的亲密带来影响。而**承认与接纳，则像是关系发展中的平衡稳定器，**可以让亲密关系中产生的混乱慢慢平稳下来，是关系和谐的重要保障。

和伴侣的亲密关系破裂后，大多数人会带着这段关系中对对方的偏见离开，试图从其他人身上寻找浪漫。有的人则会寻求复合，选择和同一个对象重新展开浪漫期。做出后一个选择，通常是因为对自己有更多的觉察与觉知，开始愿意看到自身存在的盲点，开始承认与接纳关系中彼此的差异，并从之前的过程中吸取经验和教训。

2019年7月的一次训练中，有两件事情让我很感动。阿芬是我的学员，我还记得上一年10月在教室第一次见到她的样子，她一脸的悲苦压抑，整个人看上去封闭、自卑，缺乏自信和热情。这次再见到她时，她已经完成整个课程的学习，身份从学员变成了助教。我能感受到她由内而外散发的喜悦，整个人比以前自信、开朗了许多。

她很开心地告诉我，自己准备和前夫复婚了。她过去由于在潜意识中认为自己不重要，只有对别人好才能得到爱，因此在关系中她的模式是讨好、取悦对方，在婚姻关系中总是忍气吞声、隐忍迁就，觉得自己很卑微。几年前，老公因为和兄弟争执迁怒于她，当着孩子的面打了她一耳光。她没想到自己多年的隐忍迁就竟然换来这样的结果。这个耳光打碎了她的婚姻。

通过学习，她看到自身在过往婚姻中的盲点，就是自己虽然为对方和家庭付出了很多，不过总是认为自己给的就是对方想要的。同时，她对对方存有太多的期待，希望对方为自己做出改变。她觉得自己为家庭付出了这么多，对方理应满足自己的期待，而当对方不能满足自己的期待时，她总是会抱怨、指责对方。

由于缺乏自信，她过去既看不到自身的优点，也很少看到老公的优点。过去在她眼里老公是个不负责任的人，缺乏担当。现在，她能够看到对方身上其实有很多的闪光点。特别是几个月前，她的前夫也来上我的课，回去以后有很多改变，愿意聆听她，心态调整的速度变快了，人也上进了很多。

她说，他们只是因为某些事情分开，而不是感情真的出了问题。更重要的是，过去因为不接纳在关系中彼此存在的差异，所以往往不愿意和对方吐露心声，很少有真正意义上的沟通。结束助教工作的第二天，她和前夫去办理了复婚手续，并告诉我这个好消息。我能感受到她在电话那头的幸福和开心，我内心很感动，衷心地祝福他们。

阿琳在去年儿子中考结束后，差点和老公离婚，用她自己的话说，离婚是她计划了很久的事。

阿琳大概在一年前参加了我的课程，她是一个看上去热情、自信的人，也许是因为自己做生意的缘故，她很会说话。她和老公在关系中的模式很有意思，10年前她在老公面前很不自信，总是担心他不爱她。她控制欲强，要对方以自己为中心，因为内在期待没有被满足，对他有很多抱怨。

从几年前开始，她的想法慢慢发生了改变——没你我照样可以过日子。老公平时不在家，周末才回来，希望她周末可以在家多一些陪伴。她自己经营生意，很多时候需要应酬，为此常常会产生矛盾。她觉得老公总是嫌弃她不够优秀，总是对她很挑剔，动不动就对她发脾气。因此，她下定决心要离婚，并暗中积极准备。

我还记得课程结束的那天晚上，她面对全场上百人，邀请自己的老公和儿子来到舞台上，她眼含热泪，哽咽着感谢他们一直以来对自己的包容。当她对老公和儿子说“我爱你们”时，一家人紧紧地拥抱在一起。在场所有人都很感动，用阵阵掌声为他们送上最热烈的祝福。

过去她从来没有对老公说过“我爱你”。当她变得越来越自信时，他反而开始不自信，由于内在安全感的缺乏，老公对她越来越不信任。在后续的学习中，只要有可能，她都会让老公陪着自己出席团队活动。他有机会接触到她更多的同学和朋友，对她有了更多的认识，也越来越欣赏她的优秀。

她说：“我决定不离婚了。”从她的话语中，我能够品尝到幸福的味道，能够听到喜悦与满足。

阿芬和阿琳都是与对方从分离的状态重新回到关系发展的循环中。当我们有更多的自我觉察与觉知，愿意看到在关系中自身的盲点时，才会放下自以为是和理所当然的态度，开始承认与接纳彼此的不同，我们对彼此的态度才会开始转变，不再落入争辩谁对谁错、谁好谁坏的关系陷阱，才会放下控制和改变对方的意图，停止伤害、抱怨、愤怒和指责，开始以真诚和好奇的态度聆听对方，关系才能从权力争夺期进入下一个发展阶段整合期。

结语

成见源自背景，它是信念，而非事实。当我们在关系中对当下失去自我觉察与觉知，就会习惯用成见看待彼此和在关系中发生的事。成见并不代表对错。对对方有成见没问题，对自己的成见失去觉察与觉知才会产生问题。我们在关系中难免会对彼此有成见，因为我们总是习惯性地想要证明自己才是对的，这是一种自我防卫机制。

在关系中我们也避免不了彼此心存期待，我们会进入关系往往就是因为对彼此心存美好的幻想。满足期待的目的，往往是证明自己存在的价值和意义，证明自己被对方看见和需要。对彼此心存期待不是错的，我们要接纳对方不满足你的期待，并学会对我们的期待自我负责。

我们彼此都是不同的个体，我们总是渴望在亲密关系中对方可以符合自己内在的投射。由于我们进入关系的浪漫期时，并不真正了解对方，看到的是完美的假象。随着时间的推移，彼此越来越了解，越来越熟悉，我们往往会感到失望，并将其归咎于对方变了，好像不再是原来那个样子。

对方其实没有变，只是因为后来我们看到了一个更真实的对方。**要在关系中从浪漫过渡到亲密，真实是不可或缺的基础。**而正是因为彼此存在的差异，才让我们的生命经由在关系中的成长变得更加圆融、富足。**去欣赏这些差异吧，因为那正是我们缺失的部分，承认与接纳是为了让我们的生命更加完整与真实。**

练习

阅读完本章后，请思考以下问题：

（1）你看到自己在哪些亲密关系中对对方抱有成见？请写下你在这些关系中对对方所有的成见。

（2）你看到这些成见的背后，隐藏着怎样的期待和渴望？

这些成见，让你在关系中付出了什么代价？

（3）在你的亲密关系中，对方有哪些习惯或模式是你不接纳的？当你不接纳时，会启动怎样的自动化反应？不接纳的背后，与你有关的是什么（信念、价值观、期待等）？

（4）换一个角度，对方的这些习惯或模式，你看到有哪些正面、积极的意义？

（5）无论如何，我们依然会在亲密关系中对对方心存成见和期待。如果你选择自我负责，你将会在关系中有什么不同？

第五章

呈现内在脆弱

引言

当我们能够承认与接纳彼此的差异，我们就能在亲密关系中带着觉察与觉知做出选择，愿意让对方看见一个真实的自己，卸除心墙的防御，向对方呈现内在脆弱，并愿意在关系中真正地看到对方，而非戴着过往的有色眼镜（对于对方的成见与期待）评判或猜测对方，进入自动化反应状态。

呈现内在脆弱就是采用内在力量的生命立场在关系中与对方相处，在关系中向对方真实地敞开，意图是展现真我，因此能够在关系中产生亲密感。而自我防卫即是采用外在权力的生命立场在关系中与对方相处，在关系中更多的是物化自我与对方，意图是关系中的控制，因此往往带来关系中的封闭与孤立。

在自我觉察与觉知、承认与接纳之后，呈现内在脆弱是在亲密关系中活出内在力量的第三个重要步骤。呈现内在脆弱与刻意示弱不同，后者实际上是一种关系中的防卫策略，往往在关系中潜藏着掌控的意图，希望对方能够满足自我期待的愿望。呈现内在脆弱的出发点是真诚，并且无论对方接下来做出怎样的选择，即便对方的选择并非我要的结果，我也愿意接纳。这是一种对于对方和自我的尊重。

当亲密关系中产生冲突时，呈现内在脆弱尤为重要。呈现内在脆弱时，我们更需要向对方坦陈内在真实的感受，而非输出想法或自以为是的头脑剧本。很多时候，我们在关系中的冲突升级，是因为我们表达的并非感受，而是对对方的评判和猜测，这样往往会让对方感觉受到指责和否定。

1. 关于感受和情绪

感受，是指个体感官侦测到外界的能量变化，于个体内在产生的化学反应。我们的感受往往源于自己对当下的解读，是身体内在的经验，与体内血流、能量的变化有关，是对身体内在的体验。**情绪是感受的外在表达与呈现，是表达感受的工具。**

我们在生活中习惯于宣泄情绪，而非分享感受。我们宣泄情绪往往是想通过情绪的宣泄达到控制对方的目的，把情绪在关系中当成武器或策略。而分享感受的目的，是通过向对方敞开内在的脆弱，让对方清楚自己的位置，增进彼此的了解，加强关系中的连接。

宣泄情绪，容易在关系中造成对抗，产生距离；分享感受，有助于在关系中增进亲密。宣泄情绪，更多的是在关系中建立心墙；分享感受，有助于对方了解界限。而在一段僵化或受损的关系中，表达感受尤为重要。

在我带领的一次团体工作坊中，有一位同学的分享让我很感动。他和他太太都是我的学员。他太太早几期来上课，上完课后极力推荐他来。他刚来的时候原本是非常抗拒的，我还记得第一眼见到他时，他板着脸，紧抱着双臂，坐在台下一脸严肃、身体紧绷的样子。

他们已经分居一年多，原本四五年前他们刚在一起的时候，可以说是如胶似漆，谁都离不开谁。一年多前，随着宝宝的出生，两个人开始渐生嫌隙，从口角之争逐步升级至家庭暴力。两个人相互伤害，他也越来越情绪化，脾气越来越暴躁。最终在一次严重的争吵之后，他选择从家里逃离，开始了一年多的分居生活。

这也是典型的在亲密关系中从浪漫期到权力争夺期之后，由于缺乏有效的沟通而导致的分离状态。他们称得上郎才女貌，很般配，可以想象他们在关系中的浪漫期有多恩爱、甜蜜。

随着工作坊课程的进展，他开始发生变化，紧抱的双臂慢慢松开，紧绷的身体开始放松，脸上的线条开始柔和，严肃的脸上慢慢有了笑容，他终于鼓足勇气站起来分享和太太的故事。他说，由于容易情绪化，他曾一度被太太说成是可怕的“魔鬼”。从他微微颤抖的声音中，我能读到他此刻内心的激动。

他太太是一个爱学习的人，分居半年多之后来参加我的工作坊，之后就一直要求他也来参加这个工作坊。他一直很抗拒，潜意识中认为如果这样做，就是在听从太太的安排，被她左右和控制。他还有一个潜藏的信念，认为如果我按照你说的去做，就证明是我错了。恰恰相反，我们在潜意识中总认为自己才是对的，而且在彼此有不同的意见时，往往会把各自的能量耗费在证明自己才是对的上。

在前文我们谈到，浪漫期的恩爱、甜蜜，往往是建立在物化彼此、沉迷于彼此相互投射“完美”伴侣形象基础上的假象。而随着时间的推移，彼此相处日久现真相，慢慢地发现对方并非自己内在期待和渴望的“完美”伴侣形象。在梦幻泡影慢慢破灭的同时，彼此内心越来越失望，接下来往往就会试图要求、控制和改造对方，使对方符合自己内心投射的“完美”形象。

而这样的努力，往往会招致对方的抗拒和愤怒，因为当彼此进入自动化反应状态，站在各自的角度看问题的时候，没有多少人会认为自己是错的。可能有的认错背后隐含着其他目的，向对方认错只是达成自己隐藏目的的一种手段。

在工作坊课程推进的过程中，当他第二次站起来分享的时候，能明显地感受到他的变化，脸上充满发自内心的真诚笑容，看得出他的内心是喜悦的。原来昨天晚上下课后，他约分居的太太见面沟通，她不肯下楼，他就在楼下等了一个多小时才离开。离开的时候已经很晚，他就给太太发了一条信息，和以往所发信息内容不同的是，这次他运用在工作坊中学到的知识，向太太表达自己在当下的感受，而非像以往一样向她宣泄愤怒的情绪，并对她指责、批判。

他开心地说，今天早上来上课前奇迹发生了，分居后太太几乎不会回他的信息，结果这次不但主动发信息关心他，而且两个人还通了一个多小时的电话。这在以往是不可能的事情，过去两个人在电话里往往讲不了几句话就会相互指责，不欢而散。

工作坊结束的前一天晚上，他邀请太太来参加工作坊结业典礼，看到他在台上对太太的深情表达，对创造未来幸福家庭的坚定承诺，以及最后两个人在台上紧紧地拥抱在一起，我们所有人都被深深地感动，用热烈的掌声祝福他们。

在亲密关系中，特别是当关系进入一种僵化和受损的状态时，学会向对方表达自己内在的感受，而非宣泄情绪，更非表达自己对对方的评判，这是非常重要的一点，也将有机会使僵化和受损的关系充满新的可能性。

而现实中，很多人往往羞于在僵化和受损的关系中向对方表达自己的内在感受，因为在潜意识中认为这样是在向对方承认自己是错的，或是在向对方表现自己的软弱，因此总是选择隐藏自己内在的感受，而去评判或指责对方，以证明自己是对的。还有很多人由于对负向感受和负面情绪的偏见，为了不去面对内在的负向感受，和自己内在的感受切断连接。

我们可以毫不夸张地说，当你愿意向对方呈现内在脆弱、分享感受（分享负向感受尤为重要）时，你就拿到了一把在亲密关系中有效沟通的钥匙。

2.感受与对方无关

我们每个人的感受都是自己内在的体验，都来自对感官接收到的信息的解读。这些信息是我们每个人心智系统中的信念，感受的产生和责任都在于自己，而不在其他人身上。明白这一点，我们就能做到对关系中的结果自我负责。

有一天早上我和太太去一家附近的必胜客餐厅吃早餐，在等待上餐的过程中发生了一个小插曲，让原本浪漫、温馨的氛围受到很大影响。本来前一天晚上才和太太小小地浪漫了一下，陪她去看了动画电影《白蛇：缘起》，这是一个很感人的爱情故事，画面也很唯美。

这个小插曲源自最近发生在我们家庭生活中一件很重要的事情，聊着聊着太太开始要我去做这做那，还要我吃完早餐后陪她去办事。太太话还没说完，我的眉头就开始紧皱，我有些不耐烦地说："这些事情你也可以做，为什么总是指挥我做这做那？还有，那个人你去联系不是更合适吗？"我没有觉察到自己的嗓门开始变得越来越大。不过，我能看见她的脸色开始发生变化。

"你干吗嗓门这么大？"她很委屈。我意识到自己又进入自动化反应状态了，原本浪漫的氛围一下子消失，变得刀光剑影。这是因为她表达了对我的期待，我把这份期待解读为要求和控制，因此引发了当下我与她的冲突。

收到她给我的反馈，我做了几次深呼吸，然后开始觉察自己。我知道自己一直渴望自由、尊重与价值，在我和太太的关系中，我期待她可以更加独立，不必过于依赖我，目的是让我有更多属于自己的时间。我对自己的期待是可以创造更多的价值，不要虚度光阴，因此我总是习惯于不停地奔跑。我也期待她可以对我更加尊重，而事实上很多时候我潜意识中把期待她尊重我和要求她听我的这两件事混为一谈。

之前的谈话中，当她开始告诉我要做那些事情，还有早餐后要我陪她去办事时，瞬间就启动了我自动化反应。一些小声音在告诉我："看吧，又来命令我了，总想要操控我！""真要命，又要浪费时间了，总是要浪费我的时间！"这些小声音是我的信念，这些信念的产生与我对她的成见有关，我潜意识中对她的成见是，她总想要控制我、依赖我。这些成见和信念带来的解读，引发我对被控制的抗拒和对浪费时间的焦虑，我感觉到自己内在的愤怒和焦躁，导致我对她脱口而出的责备，看到她的委屈又引发我的内疚和羞愧。

好在太太气量大。我也看到自己对于"价值"的狭隘定义，我还是站在我自己的角度来定义什么事情对于我是有价值的，并没有从家庭的角度来定义价值，更没有去好奇，哪些事情是她认为有价值的。对于太太来说，我满足她的期待，多花些时间来陪她，和她一起处理家庭中的一些重要事情，这些在我们的关系中都是很有价值的。

早餐后我陪她去办事，回家的路上我坦诚地沟通了自己当时的感受和想法，和太太核对她当时的感受和想法，这是我们最近几年关系中发生的很大改变。当我分享自己，并和她核对的时候，她告诉我其实早上说那些事情的出发点并不是要求我去做。这是她的习惯，说的时候就是一个整理、规划的过程，说出来是想和我一起商量，哪些是需要我们共同处理的，并非只能由我完成。

过去我很少甚至不会这样做，以前的做法就是假装这件不愉快的事情已经过去了，没必要总是放在心上；或者用"算了，好男不和女斗"，又或者"男人要大度包容一点"之类的话安慰自己。

但事实上，往往是彼此内在情绪一直不断地压抑，导致在家庭中时不时会出现争执和指责，然后两个人之间慢慢产生距离。

而现在我们习惯于分享自己内在最真实的感受和想法，不逃避面对任何体验，愿意好奇并聆听对方的感受和想法，这让我们体验到生命中彼此之间越来越靠近和亲密，接纳彼此之间的差异并支持、欣赏彼此在关系中的成长。把生活过成一地鸡毛还是风花雪月，其实都是我们自己的选择。在关系中成长，在生活中修行，的确不容易，但很有价值。

3. 呈现脆弱不同于宣泄情绪

呈现脆弱并非宣泄负面情绪，在关系中未征得对方允许且逾越界限地宣泄负面情绪，其实是一种暴力，因为，在它的背后潜藏着控制或伤害对方的意图。

有一次看到某位企业家在接受主持人采访，谈到自己被合作伙伴背叛时，我隔着屏幕都能感受到他内心的不甘与痛苦，还有因不解而产生的极度愤怒的情绪。他很生气地指责对方是阴谋家，认为自己所托非人。事情发生之后，他选择另起炉灶，并发誓要超越对方。他觉得，只有到那个时候，他才能从背叛带来的伤害中走出来。

然而，**愤怒并不等于你有行使暴力的权力**！从节目访谈中，我们能感受到这位企业家对昔日拍档的语言暴力。我对他的解读是，缺乏自省，以自我为中心，自我感觉良好。他面对公众时对昔日拍档的指责，就是一种超越界限的语言暴力！

发誓要超越对方，其背后的真正意图，是要证明对方是错的，自己才是对的，本质上还是抱着受害者的心态不肯放手。**凡事有果必有因，所有过往皆为序章，是什么原因导致今天的结果？**这个结果，与我有关的是什么？是不愿意面对，不敢面对真相；还是已有定见，没有兴趣去探究？如果一个人在关系中的心智模式不改变，在我看来，未来的结果不会有实质性的不同。

我们大多数人习惯通过暴力行为来告诉对方自己多么愤怒，而不是选择语言来分享愤怒的感受。我有一个学员，常常会被她的伴侣家暴。只要对方在和她的关系中感到挫败、失落或者产生不安全感，就会对她很愤怒。除非她选择服从，甘愿被他控制，否则就会被他用不断升级的暴力行为对待。她的伴侣的暴力模式源自原生家庭——在他成长的过程中总是被父亲暴力对待。因此，情绪和行为暴力成为他表达愤怒的习惯模式。

上面这个案例，她的伴侣其实是在当下失去觉察与觉知后进入了自动化反应，事后对方总是陷入深深的自恨、痛苦中。还有另一种截然不同的情况，如果一个人的目的是让对方服从自己、被自己控制，或者伤害对方，暴力无疑是这个人有意识选择的武器或策略。

前不久，我在一个微信群里目睹了一句话引发的语言暴力，施暴方对对方极尽侮辱、威胁、辱骂，即便我不是当事人，也被语言暴力的杀伤力波及，那一段段宣泄情绪的文字让我感受到内心的紧缩与难过。

暴力的实质是意图以此控制对方，让对方满足自己内在的目的。暴力，无论是语言，还是行为；无论是对对方，还是对自己，往往是我们在受害者心态下的自动化反应。可是暴力往往无法带来你想要的结果，反而会带来更多的对抗，甚至是毁灭。**狂暴的欢愉，终将以狂暴结束。**

我们要学会的是，避免自动化反应，更多的时候要愿意且懂得向对方分享自己内在的愤怒感受。分享愤怒，意味着冒险和勇气，是向对方敞开呈现你内在的脆弱，同时也是让对方了解你的立场和意图。让对方收到你的感受，而非你的评判。指责性的评判往往意味着语言暴力。**也许分享愤怒同样无法改变结果，但是能让你走出受害者的心态，这是一种心态上的自我负责。**

心态的改变是即刻发生的，和当下的选择有关，和需要多长时间没有关系。此刻，从“心”开始改变，所有将来方可期盼。

4.愤怒的我

我很早就发现，自己是个很容易愤怒的人，以致很多年前太太就给我起了一个绰号——“愤怒的公牛”。

我在外面看到社会上或是新闻报道中的不平之事就会很愤怒；开车在路上，被加塞，我会很愤怒；停车时发现有人不好好停车，我会很愤怒；回到家，孩子表现没有达到我的预期，我会很愤怒；觉得自己没有得到太太的信任，我会很愤怒；感觉自己被控制或限制，无法自由表达自己，我会很愤怒；认为自己被差别对待或看轻，或是没有得到自己认为的尊重，我会很愤怒；别人没有兑现承诺，我会很愤怒；感觉自己的家人被看轻或遭受欺辱，我会很愤怒。所有的这些愤怒，都是针对别人的。

我还有很多愤怒是针对自己的，比如，我搞砸了事情，我会很愤怒；我没有达到自己预设的目标，我会很愤怒；在竞争中落后于别人，我会很愤怒；甚至当我认为自己一直在原地踏步，没有进步时，我会很愤怒；我感觉自己被迫去做一些内心不情愿的事情时，除了对对方的愤怒，更多的是对自己为什么不“say no”的愤怒。如果我随身携带一个本子，每天把自己感受到的愤怒记下来，或许可以编写一本关于我的厚厚的《愤怒大全》。

我只要一愤怒，就会很快自动化地开始抗拒，接下来升级到指责。指责是我一个惯用的自我防卫模式，我会或明或暗地指责，通常取决于对方和我力量的对比，或者我是否可以站上一个制高点，无论是道德上的还是规则上的。当我开始有更多的自我觉察和觉知，并带着这些觉察和觉知对自己更加深入地探索时，我看到愤怒的背后是对自己无能为力的自恨，是对自己不够好的自恨，是不愿意面对自己没有力量或缺乏价值的自恨。

我看见自己更深层的渴望，是关于自由、平等、尊重、价值和意义的。当下只要我的解读是对方要控制我，对方不重视或不尊重我，或者当我认为自己是在浪费生命，在当下没有意义和价值，当我这些深层的渴望未被满足时，就很容易触发我的愤怒。愤怒让我体验到的那种兴奋感或者紧张的感受充满全身，从而让我体验到浑身充满力量的感觉。我的身体在潜意识中喜欢这种力量感，因此，当我在生命中卡住的时候，大多数时候是愤怒的。这一套在过去我玩得很熟练直至自动化，在某种程度上是对愤怒上瘾了。

愤怒在过去给我带来了很多负面影响，最直接的就是关系上的受损，无论我是否因愤怒而指责对方，或者我把愤怒藏在心里，刻意和对方保持距离。我生命中有些亲密关系慢慢开始疏远，彼此之间越来越冷漠，缺乏连接，直至分离。愤怒，没有好坏之分，只是一种情绪。有愤怒的情绪或感受没有问题，真正的问题在于迷失在自己的愤怒中进入自动化的暴力反应状态，或者不敢去面对自己内在的愤怒。

我在训练中会遇到一些朋友，包括我自己在内，很多时候不但会隐藏自己的愤怒感受，甚至会隔绝它，不再去体验它。这样做源于对愤怒的认知，认为愤怒是不好的，因此不允许自己表现出愤怒。问题是身体感受的开关只有一个，关掉愤怒感受开关的同时，也把自己和其他感受隔绝开来。久而久之，人就会变得越来越压抑、麻木，或者总是戴着自己认为应该表现出来的情绪面具，刻意伪装出一些形象。

在我看来，更重要的是感受到自己的愤怒之后，你会怎样做。你是否愿意坦然面对自己的愤怒，和它做朋友，并去面对它，和它对话，去觉察与觉知它是源于你产生了怎样的解读？而这个解读的深层问题是你对自己存在怎样的渴望。你要知道，这些解读或许只是你自己的想法，或是你自己编造了一个故事，而并不一定是事实。你是否愿意基于你和对方的关系愿景，冒险挺身向前和对方核对呢？

现在，当我觉察到自己的愤怒时，我会习惯性地先深呼吸几次，然后觉知愤怒是如何产生的。我发现当我愿意承认并接纳自己的愤怒时，我会变得越来越平和、好奇，我很惊喜地发现这让我充满力量。就好像我此刻正坐在电脑前等待太太到来，但她已经超出最初告诉我的时间大约一个小时了，和我在一起时迟到是她的常态。

过往如果超过约定的时间她还不出现，我会很愤怒，因为我认为她这样做是在浪费我的时间。而此刻，在等待她的这段时间里，我写完了一篇文章，我的时间同样有意义和价值。价值和意义，这不就是我的渴望吗？

5. 在冲突中了解彼此

当我们在亲密关系中产生冲突时，挺身向前向对方呈现内在脆弱，往往是一个让彼此真正了解的开始。

在这里谈论的冲突，意指在关系中双方意见不合或不一致时产生的争执和碰撞。很多人在亲密关系中不愿意产生和面对冲突，在前文我就谈到，最重要的一个原因是很多人认为冲突会破坏亲密关系。

避免冲突的另一个重要原因，是担心冲突会破坏自己在对方心目中的形象。我们总是渴望在亲密关系中是温暖、靠近的，亲密关系中浪漫期的美好体验和感觉让我们沉醉其中，不能忘怀。我们内在期待可以在彼此心目中永远保持美好的形象，让关系一直停留在浪漫期。

渴望亲密关系可以一直停留在浪漫期是一个幻觉，关系发展的规律是不以我们的个人意志为转移的。很多人基于这一点，会在关系中变成老好人，这一点我自己深有体会。

要在关系中迈向亲密，彼此敞开和分享，特别是对自己的揭露是必不可少的。期待自己能在对方心目中永远保持美好的形象，只会让彼此在关系中戴上虚伪的面具，扮演虚假、幻想的人设，但往往事与愿违，要在亲密关系中更进一步，关系总是会不可避免地进入权力争夺期，“完美”形象的坍塌只是早晚的问题。

避免冲突，恰恰失去了一个加深了解看见彼此不同的最佳机会。每个人在冲突中的自动化反应模式和行为表现习惯是不同的，这背后潜藏着深入自我内在探索和学习成长的路径，可以对彼此的信念和价值观有更多的深刻了解。冲突，往往是彼此自我成长的机会，也会是在关系中迈向亲密的一条路径。

在我过往的生活中，我总是戴着好好先生的面具，挂着谦和的笑脸，对谁都言语温和。在生活中很少会有和别人脸红脖子粗的时候，即便有时内心不爽，也总是一笑而过，表面上显得自己很大度，其实内心可能已经骂了对方无数遍。

我过往在关系中总是不愿意面对冲突，就是因为我害怕冲突会破坏和对方的关系。而好好先生这样一个模式，给我在关系中带来的结果是：一方面，内在会有很多压抑和委屈，认为自己被轻视，被忽略，没有被尊重或是缺乏价值感；另一方面，当压抑到最终爆发时，会产生很多愤怒，往往会导致关系上的疏离甚至破裂。

举例来说，在有些朋友眼里我是一个“惧内”的人，很不愿意和太太在关系中产生冲突。这要追溯到我童年的成长经历，我有一个信念，在婚姻中女人是要被宠爱的，有冲突就谈不上宠爱。

所以，如果和太太有不同的意见，通常最终以太太的意见为准。

如果发生争执，通常也是我先让步，因为我很不愿意面对争执带来的负面情绪和家庭中的冷战氛围。但是，避免了家庭中的冷战氛围，却避免不了内心的压抑和委屈。内心时常千万遍地问，凭什么总是要我先认错？压抑、郁闷久了，有时难免控制不住，说不定某件鸡毛蒜皮的事就引发我的情绪如火山爆发，反而给亲密关系带来更大的冲击。

我看到，在我的生活中冲突的触发点，通常是在和对方的关系中，对方的观点和行为使我认为自己没有得到尊重。比如，如果我和对方就某件事情达成一致之后，在接下来我发现对方并没有按照之前的约定来做，我就会认为对方不尊重我。我看到自己潜藏的信念，没有遵守约定，就是不尊重我；因为不尊重我，所以忽视约定。

我的另一个冲突触发点是我认为在和对方的关系中，自己的价值被对方忽视或看低。比如，如果对方要求我做的事情我内心是不情愿做的，由于好好先生的模式，我通常不会立刻拒绝，而会先答应下来，不过总是消极地应对。如果对方一再这样做，我就会和对方发生关系上的冲突。我看到自己潜藏的信念，你要我做不情愿的事情，就是要控制我。由此我会觉得自己没有自由，我会觉得自己在关系中缺乏存在价值感。

有时候，当我向对方提出的要求未被满足时，也会带来关系中的冲突。是因为潜意识中，我认为自己的要求都是合理的，对方如果不满足我的要求，就是不尊重我，轻视或忽视我的价值。我看到自己内在的渴望，是我渴望得到尊重，渴望能充分地体现自己的价值。当我的冲突触发点被触及，我就会自动化地进入之前提到的模式，引发关系上的冲突，常常会让自己变得很愤怒，从关系中离开。当我进入自己的自动化模式时，就不会对对方产生好奇心，不会去了解对方这样做背后真实的意图是什么。

人类真的很有意思，当我们进入自己的自动化模式时，我们越是恐惧面对的结果就越会发生。因为，我们总是做出和自己目的相反的行为。我有一个朋友，她很渴望和儿子在关系中有更多的连接和亲密。前不久，她和12岁的儿子发生了一次比较大的冲突，她很沮丧，问我该怎么办。原来那天在接儿子回家途中发生的一件事情，让他们两个人产生了冲突，回到家后儿子号啕大哭，说妈妈根本不爱他。

她说儿子以往哭的时候，一般哭一会儿就会停下来。实在不行，她就会把家里的小狗抱来，小狗会扑到儿子身上玩闹，儿子就会被小狗转移注意力而停止哭泣。那天晚上她也是这样做的，不过都没用，她当时感受到自己内在深深的无力感，不知道该怎样做。

她内在渴望和儿子连接、亲密，害怕关系的疏离。不过在儿子哭泣的时候，她想的却是尽快让儿子停止哭泣，是因为她有一个信念，只有不再哭泣才可以有关系中的连接、亲密。因此，她会在儿子哭泣的时候冷漠旁观，等孩子停止哭泣，让小狗转移孩子的注意力。因此她并没有看到另外一种可能性，就是孩子哭泣的时候，恰恰需要她更多的陪伴。

她另一个潜藏的信念是和儿子的连接、亲密，会影响儿子的独立和自我负责。这个信念无疑会对她的渴望带来极大程度的破坏。当她没有觉察到自己的这个信念时，表现出来的行为自然常常和她的内在渴望背道而驰。

要让冲突成为关系中成长的一个机会，首先要对关系中的冲突有正向的看法。冲突不是坏事，冲突中隐含着机会和价值，让自己先愿意面对和接纳冲突，这样才有机会借助关系中的冲突，对自己内在的冰山进行更深入的探索。通过冲突的触发点，看到自己形成触发点的信念是什么，而这样的信念和自己内在的什么渴望有关。

当你开始带着这样的觉察和觉知面对关系中的冲突时，记得再多问自己一个问题，在和对方的关系中，对于你来说真正重要的是什么？这会是一个充满魔力的问题，弄清楚这个问题，一切都会开始变得不一样。冲突会成为你在关系中成长的一个美妙的机会，而不再仅仅是灾难。

6. 在冲突中迈向亲密

冲突不仅仅是一个了解彼此的机会，冲突产生的权力争夺中伴随的能量，也有助于我们进入亲密关系发展周期的下一个阶段。

“我该怎么办呢？”小小一脸的无奈，看着我的眼神满是期盼，希望我能帮她解决问题。她目前和两个妹妹一起创业，一起经营着一家培训学校，而且三姐妹生活在同一个屋檐下。两个妹妹因为生活习惯不一样，时常会因为一些鸡毛蒜皮的事起争执。长姐如母，她只能在其中不断调解她们的矛盾。

时间长了她内心越来越疲惫和纠结，很多时候会刻意逃避和妹妹们共处，比如为了不和妹妹们一起出门，总要等她们先离开家之后才去公司，导致她总是迟到。下班回到家，三姐妹也常常各自待在房间里，沟通越来越少，家庭氛围有些尴尬，彼此之间也越来越疏远。

她们少年时丧母，父亲也一直未曾续弦，小妹妹一直和她生活在一起，她们和二妹共同生活的时间相对较少。二妹比她小两岁，从小她就对二妹有些负向看法，认为她不懂事、任性、固执，总是要争输赢。就拿婚姻来说，二妹当初不顾家人的反对，执意要和二妹夫走到一起。同样，二妹也总是觉得她偏心小妹妹，对自己有失公允。

这是她第二次创业。对于她的这次创业，家人给予了很大的支持。特别是二妹，舍家弃子带着资金来支持她一起创业，二妹夫也表态要力挺她们。这些都让她非常感动，她对二妹的看法也一度改观，姐妹关系也变得很亲近、融洽。不过，随着大家在一起生活时间长了，矛盾就慢慢多起来，她内心对二妹多了些嫌弃、挑剔和指责。

她们姐妹三个目前的状况，是典型的从关系中的浪漫期进入了权力争夺期。当初她们决定一起创业，就开始进入了彼此关系中的浪漫期，看到的都是对方刻意、主动展现的“完美”形象。浪漫期关系建立的基础是彼此投射的形象，而非真正了解彼此真实的个人特质。多年来她一直带着小妹生活，和二妹彼此之间并不真正了解，共同创业之初她们彼此都对对方抱有许多希望和期待。

而她们在一起工作、生活，随着时间的推移，对彼此有了更多真实的了解，现实和理想不断发生冲突，就进入了关系中的权力争夺期。在这个时期，发现对方与自己原本的期待存在差异，却不愿意接纳这些差异，出于彼此内心自以为是和理所当然的态度，往往就会试图控制和改变对方，希望对方可以符合自己投射的形象。

权力争夺本身并非问题，而是源于彼此背后存在的差异，它是进入关系中下一个阶段的必经之路。**对对方心存期待本身没有对错，而试图控制和改变对方满足自己内在的期待，才会造成问题**。很多人在关系中一辈子停留在权力争夺期，或是在权力争夺期进入关系中的偏离状态：冷漠、超越或分离。冷漠，正是目前她和二妹相处的日常模式。

冷漠并不是她想要的结果，她很渴望三姐妹可以在和彼此的亲密关系中相互得到滋养，这也会有益于她们共同的事业发展。我问她，除了你之前给二妹贴的那些标签，二妹有哪些特质是你欣赏的吗？二妹很努力，很有能力，虽然从来没做过销售，而且在这里人生地不熟，但是在几个月以后把业绩做到全公司第一。二妹也很不容易，离开老公和孩子一个人在外打拼，其实很需要得到她和小妹的理解。

我能感受到，她在说这些话的时候开始有些不一样了，紧皱的眉头慢慢舒展，脸上有了笑容，紧绷的身体也开始放松。她说谢谢我，帮她解决了一个很大的问题。看到她如释重负的样子，我也为她高兴。当她愿意转变信念，从另一个角度去看待二妹时，结果就会有所不同。

我们在关系中的一个盲点是为了证明自己是对的，往往连结果都不要。关键在于清楚和对方的亲密关系中对于自己最重要的是什么，并带着觉察有意识地保持与目的一致的行为。在关系中，只有承认和接纳彼此之间的差异，并且愿意欣赏对方与自己的不同，才能跳出对与错的限制，真正脱离权力争夺期，进入关系发展的下一个阶段，才能带来关系中的靠近与亲密。

亲密关系中的冲突，往往与信念、价值观的差异有关。孔子说："三十而立，四十而不惑，五十而知天命。"本以为自己已近天命之年，平时也挺注重自我修养的，自以为修行得还不错，应该不会在人际关系中产生大多冲突。没承想，最近两天陆续发生了一些事情，让我看到这不过是自我感觉良好罢了，事实并非如此，我发现自己还是有好胜心强的一面。

这两天内在那个久违的愤怒青年在不经意间又跑了出来，怼同学、怼朋友，怼得不亦乐乎。事情的起因是我在朋友圈和群里转发了一些文章，也发表了一些自己的观点。因观点相左，然后就和朋友们发生了一些言语上的冲突，唇枪舌剑，你来我往，各不相让。争执的对象，包括我做地产时认识多年的朋友，还有我的大学同学和高中校友。

就拿这天上午的事情来说，我看到有一个同学G君在"酸"别人，我的心火瞬间被点燃，然后"路见不平一声吼，该出手时就出手"，激情燃烧了一把。我看到这次和G君的冲突，其实源于我对他的看法，而这个成见始于昨天我和他的对话。基于他的表达方式，我对他有一个看法，我认为这个人就爱嘲讽、奚落、挖苦别人。

我认为G君在“酸”别人，这是我对他的解读和评判，而且我认为自己是对的。事实上大多数时候，在关系中的冲突源于我们总是站在自己的立场和角度来猜测、评判对方，并和对方争个高低、好坏、对错。而且，我们每个人内在都有一些冲突按钮，这些冲突按钮与我们的内在渴望、核心信念和价值观有关。一旦在某个时刻，当下发生的事与内在渴望、核心信念和价值观发生冲突，冲突按钮就会即刻自动启动。

以我为例，我渴望平等、公正、自由、尊重和价值；我认为我们应该平等公正，相互尊重，让自己的生命有更大的价值和意义。一旦我的探测器探测到在当下存在不公正、不平等、不尊重，我被控制、被忽视或被轻视，其实这些探测到的东西不过是我自己的解读而已，我的冲突按钮就会立刻自动启动，我的心智就会自动化地进入战斗模式。这是我多年来形成的自动化反应，这种自动化反应在过往的人生中已经让我付出了很多代价。

在这个过程中，保持自我觉察是一个非常重要的基础和关键点，它是打断我们的自动化反应的前提。多年前，就有一句话深深地烙印在我心里：“风未动，帆未动，是你的心在动。”我看到，要在生命中的每个当下保持觉察与觉知，不被自己的习性、成见和心魔所控制，是何等重要且不容易。

在我的培训课程中，每个班都会有一些学员是由各自所属的企业推荐来参加学习的。这一类学员刚来的时候，大多内心抗拒或反感。其中一部分人会随着课程的深入慢慢打开自己的心扉，更投入地参与到学习中来，还有一部分人会借故中途离开。

这一次同样有类似的情况发生，第一天上课的时候，有一个女生坦陈当下她内心有些焦虑和抵触，因为她认为老板推荐自己过来上课，是想借这个环境来修理自己。她所言非虚，我能感受到她当下身体的紧绷，脸上的表情看上去也不放松，甚至有些紧张。

不过，她还是很愿意挑战自己，我看到在接下来几天的训练中，她的参与度越来越高，对自己有更多、更深入的探索和发现，整个人看上去更加自信、有力量。有一次她站起来分享，说终于明白自己为什么总是和总经理唱对台戏了。原来，她一直很讨厌男生抽烟，认为抽烟的男生不好，偏偏总经理爱抽烟。

她在这家公司已经六年了，总经理是三年前任职的。在这三年里，她一直认为总经理对自己不满意、有看法，所以潜意识中很排斥他提出的工作上的不同意见，有时甚至会在公司会议上和他唱对台戏。她坦言，现在来看，其实这三年来正是在总经理的严格要求下，自己得到了很大的成长，她内心很感谢他。

我们可能会认为，老板要我来学习，是觉得我不够好，是想改造我。如果带着这样的信念而不去改变，认为自己是为别人而来，自然就会心怀抵触和抗拒。如果换一个角度，愿意看到学习其实可以让自己变得更好，得到更大的个人成长和发展，获益的首先是自己，结果就会不一样。比如上述那个女生看到了另一种可能性，对方并非要修理她，而是想栽培她，支持她有更大的成长。

在大多数时候，我们存在一个自动化的模式，就是当对方与我们在同一件事上的看法不一致时，我们会本能地抗拒对方的观点。其实我们真正抗拒的不是对方的观点，而是抗拒自己是错的。我们在潜意识中有一个信念，认为当我们和对方观点不一致时，一定有一方的观点是错误的。而我们其实不喜欢面对由于承认自己是错的而带来的负向感受，比如自责、羞愧、恼怒、遗憾和后悔等。因此，面对不同的意见，为了满足潜意识中自己是对的需求，往往要解释和证明，甚至会产生相互之间的争论和指责。

我们常常会发生的另一个自动化模式，就是更愿意听到对方给自己正向的反馈意见。**当对方给我们一些负向反馈时，我们往往会本能地认为对方是在指责或批评**。因此，我们会失去好奇心，完全不好奇对方为什么会给这些反馈，也不会与对方核对这些反馈的目的和出发点是什么。**我们习惯性地认为，自己对对方的猜测或解读就是事实。**

无论是听到不同的看法、意见时的自动化反应，还是面对对方给负向反馈时的自动化反应，究其根本都是因为内在不够自信，是内在的自我价值不高导致的结果。这些自动化反应模式，在我们亲密关系中的权力争夺期表现得尤为明显，会在关系中带来更多的控制与意图改变对方。

我们在冲突时如果愿意向对方呈现自己内在的脆弱，往往会带来真正意义上的沟通和关系中的亲密。正如前文提到我和G君的冲突，我感受到自己内在愤怒的负向感受，也看到自己宣泄负面情绪带来的影响。我觉察到自己在当下有些自恨，觉知到自己内在发生的自动化反应，我承认和接纳自己的模式，决定做些什么来改变。

于是，我在群里主动向G君呈现内在脆弱，分享自己当下的感受，并且为自己的武断和对他的指责道歉。当我这样做的时候，我感受到自己内在升起一股力量，我不再自恨，一种喜悦在我的内心激荡。神奇的是，G君也向我坦承他的内心活动，以及他那样表达的真实意图，并向我真诚道歉。

我能感觉到当下内心愿意和他靠近，过了一段时间他来上海出差，我和太太与他共进午餐。

结语

呈现内在脆弱意味着我们愿意在亲密关系中发生冲突时，选择向对方坦承内在真实的感受（包括负向感受），以及感受背后的自我解读。相较于指责和受害，这样做意味着更大的挑战，同时会生发出内在的力量带来信心和勇气。

感受是我们每个人的内在体验，没有人可以决定我们的感受，感受不是对方让我们产生的。我们对对方的看法，引发了我们的内在感受，这是我们需要区分的。因此，我们要对自己的内在感受负责。

我们很多时候羞于分享负向感受，是因为我们潜意识中认为这样做会让我们和对方受到伤害，或者让对方认为我们是不够好的，甚至认为我们这样做是有问题的。当我们抱持这样的观点时，对方也害怕会伤害到彼此。因此，我们总是在关系中不愿意呈现内在脆弱，回避谈自己的负向感受。我们往往也不愿意听对方分享负向感受，因为我们潜意识中认为，对方有这些负向感受是我们造成的，或者认为对方这样做的目的是指责我们，因此要么自恨不已，要么恼羞成怒。

可是当我们忽略负向感受时，我们也关闭了内在感受的开关，我们同样开始与正向感受疏离。这是现代人越来越对内在感受缺乏体验的原因，很多人看上去那么僵硬、紧绷、毫无生气，感受不到生命的激情与活力。想让自己的生命重新点燃，要先从敞开自己的内心，愿意呈现自我内在的脆弱开始。

危机的意思是危局中蕴含着机会，同样，冲突中蕴含着新的可能性。如果不愿意面对冲突，就很难接纳彼此之间存在的差异，往往会让关系停留在权力争夺期，或者进入关系中的偏离状态。面对冲突，才有机会真正了解彼此之间的不同，同时才有机会分享彼此真实的内在感受和想法，并真诚地展现出来，才会在关系中产生新的可能性。

不愿意面对冲突固然安全，但是我们也将保持固有的认知信念。沿着固定的路径，发现不了新大陆；同样的角度不会有新的视野，而新的视野才能有新的起点。面对冲突，我们更能看清自己的心智模式还需要在哪些方面升级。生命成长的道路，其实是一条不断与自己战斗的道路。每一次战胜自己，就是一次生命层级的突破和生命维度的提升。我们的对手没有别人，只有自己。感恩生命中所有的遇见。

练习

阅读完本章后，请思考以下问题：

（1）在亲密关系中，通常在什么情况下会引发你和对方的冲突？你看到自己在亲密关系中产生冲突的触发点是什么？（信念、期待或价值观）

（2）你看到自己过往在亲密关系中发生冲突时，习惯性的做法是分享感受还是宣泄情绪？你这样做的目的是什么？

（3）你看到自己过往对负向感受和负面情绪的看法是怎样的？这给你带来了什么影响？

（4）当冲突发生时，你的习惯或模式是什么？这给你的亲密关系带来了什么影响？如果接下来发生冲突，你会如何应对？

第六章

活出真实我

引言

呈现内在脆弱与活出内在真实我的意图有关。我们每个人的生命中都有三个我，分别是理想我、现实我和真实我。真实我属于内在力量的一端，而理想我与现实我属于外在权力的一端。

“真实我”指的是我们每个人生来具备的个人基本天性和人格特征，我们每个人独特的个人气质和所有的生命潜力。

“理想我”指的是我们在生命成长的过程中，为了满足父母、长辈、社会或师长等所代表的权威形象对我们的期待，为了得到他们的照顾、接纳和认可，给自己塑造并且内化的一个“完美”的自我形象。

“现实我”指的是当下的我，处于社会角色中的我，不但戴着面具，而且带着很多内在的自我评价。而这种自我评价，更多的是对自我的怀疑、否定和批评。

在生命中的大多数时候，我们往往与真实我背离，在通向理想我的荣耀之路上努力奔跑，却发现不管如何努力理想我都遥不可及，不得不与之妥协，以现实我的状态存在，因此往往自恨不已，并慢慢产生各种身心症状。由此带来的结果是我们在亲密关系中越来越封闭、孤立，内心不安、焦虑、无助，或者在亲密关系中受伤、愤怒。

1.理想我、现实我与真实我趋向合一

深陷自恨循环是没有出路的，因此我们需要看到证明自己价值的荣耀之路的缺失，找到另一条完全不同的道路，我们称为尊严之路或精进之路。这条道路的不同之处在于，需要把焦点从理想我拉回到真实我。接下来我给大家分享两个真实的案例。

第一个案例，学员Jacky已过而立之年，他的父母很担心他的个人大事，一直忙着为他张罗相亲。Jacky从小到大一直是父母心中的乖孩子，对父母的安排总是言听计从，唯独在相亲这件事情上与父母分歧很大，甚至产生过冲突。他很渴望通过自由恋爱找到一个志同道合的伴侣，可以和她同甘苦，共患难。一直以来，他的内心很抗拒相亲，认为这不是自己想要的。相亲，让他在潜意识中觉得自己被父母操控。

从小到大，他走的都是父母规划好的道路，在父母的羽翼下成长。这种状态让他的内在缺乏自信与力量，潜意识中对自己产生了一些负向的看法，比如觉得自己没用，认为自己不够好，等等。因此，他渴望证明自己，希望可以做自己喜欢的事情。对于他来说，被母亲安排去相亲意味着连婚姻大事都不能由自己做主，这让他觉得很憋屈。

第二个案例，学员Lily刚刚结束经历数年的婚姻，还失去了孩子的抚养权。她说现在支撑自己的就是无论如何都要成功，

要获得足够多的财富。她要证明给所有人看，自己不像他们口中说的那么差，无论如何都要让孩子回到自己身边。

她内心很渴望这个时候能得到家人的支持，但得到的却是家人对自己的冷漠。她分享的时候，瘦削的身体伴随着激动的情绪颤抖，我猜她在那一刻内心一定很绝望。我感受到她很难过、很沉重，我告诉她，在我眼里，她是很坚强的，因为如果换作我，面对同样的情况，我不确定是否能比她做得更好。而且，困难并没有让她放弃自己。

家人的冷漠导致她不愿意在别人面前敞开去呈现内在脆弱，即使是最好的朋友她也羞于启齿，在她内心郁积了太多的纠结、委屈、痛苦、挣扎和无助。在她的信念中，成功与财富等同，她正慢慢麻木成一个拼命赚钱的人。

在我看来，成功应该有更多维度的定义，除了金钱或事业上的成绩，还应包括健康的身体、人际关系中的影响力和更好的生命状态等。**我们很多人一辈子都活在一种证明自己的状态中——证明给别人看，或者证明给自己看。**很多时候，我们的努力表现只是为了满足别人的期待，满足自我的期待，或者满足自己以为的别人对我们的期待。我们没有活出“真实我”，而是一直在努力奋斗，渴望活出“理想我”。

在生命成长的过程中，出于对理想我的渴望，我们慢慢隔断了与真实我的连接，一直在成为理想我的荣耀之路上拼命奋斗，这让我们的生命状态越来越僵化、紧绷。就像Lily和Jacky，他们开始在家人和朋友面前封闭真实的自己，不再表达自己内在的真实情感和感受。事实上，当他们把当下的焦点放在证明自己，在潜意识中更多的反而是对自己当下的现实不认可、不接纳，内在评判自己还不够好。

现实总是不尽如人意，似乎不管我们怎样努力，都很难成为那个“完美”的理想我。于是我们开始对自己产生很多负向的评价，比如“我不够好”“我不行”“我没用”“我做不到”等。我们不但对自己有很多的自我怀疑和自我否定，而且常常会因此自责、愧疚、自恨，产生对自己的愤怒等，因此产生身体和心理上的疾病，包括抑郁、焦躁、过敏、强迫症、失眠、心悸紧张、情绪化、暴力、上瘾、瘾症、自残，甚至是自毁等。

我们要做的不再是在生命中把焦点放在持续不断地证明自己上，就像Jacky和Lily把生命中的很多能量消耗在向亲人证明自己上，这会让我们迷失自我。也不是说要否定理想我，理想我是指引我们前行的人生愿景和方向，能够给我们的生命带来前进的动力。我们要先从当下开始，对自己的生命抱有更多的觉察和觉知，承认和接纳当下现实我的呈现，以及现实我与理想我的差异。这无疑会让我们不再自恨，在生命中对自己有更多的允许，会多一些幽默和轻松，不再那么沉重。

我们在线下的团体成长工作坊中会有一些带来深刻体验的练习，参与者通过这些练习带来的切身感受，对自己有更加深入的探索和发现。看见和欣赏更多真实我的部分，看见自己生命底层的渴望，看见自己那些闪闪发光的特质。

尊重理想我，接纳现实我，活出真实我，让生命中的这三个我趋向合一，活出完整、真实的生命状态。我看到越来越多的生命开始绽放，开始诚实地面对自己的生命并对自我负责，活出内在的真实我，带着自信和喜悦在生活中重新扬帆起航，内心倍感温暖、幸福和满足。

2. 看见自己

要活出真实我，还需要更多地看见自己，这一点很重要。2019年一个夏日的午后，我和几位海文学院在上海的同学相聚于愚园路1327号WABI Cofe，这是一个有魔法的地方，仿佛都市中的一片净土，又像是燥热时空中的一个心灵驿站。在这个古朴的唐风空间，我们能体验到时间放慢了脚步，等待着与灵魂合一，驿动的心不再匆忙，而可以在当下安住。

有趣的灵魂围坐在一起品茶论道，思想的火花如绚丽的烟火体验到生命的丰富与多维。我们聊到内在的恐惧时，阿红分享了自己的人生故事。童年时她个性外向，很喜欢在大人们面前表达自己。偶然一次听到隔壁阿姨在家人面前评论她“小小年纪太会讲了”，这个评判让她在生命中从此卡住了。

在分享自己当下的感受时，她说：“从那以后，这么多年来，我从未在这么多人面前分享自己。”看到她从固着中开始松动，我们能感受到生命的能量开始流动，能看见她眼中闪现的光彩，听到她声音中饱含的喜悦，我仿佛看见生命之花开始绽放，这一刻我体验到自己内心的感动和温暖。

她的分享引发了大家更多的讨论。的确，我们的生命往往没有真正地绽放。过去我们很多时候会把这种绽放理解为一种张扬，而我们都曾普遍认为张扬是不好的。这一点让我有深刻的共鸣，我觉察到自己在朗诵《我们最深的恐惧》时，是刻意压抑自己的能量的。这样做是因为我担心如果尽情释放会太张扬，可能会破坏场域的平衡。

绽放，原意指花朵开放，在这里我对生命绽放的定义是完全敞开地、毫无保留地展现真实的自我，是一种真诚地表达自我的状态，焦点在于表里如一地呈现自己的生命特质，甚至敞开自我，呈现内在脆弱，让对方知道我是一个怎样的人。**生命的绽放与尊严、真实我有关。**

张扬，原意指宣扬和声张，在这里我对张扬的定义是不顾及他人和情境感受的个性和行为，焦点在于炫耀现实我，证明理想我，往往刻意隐藏内在的脆弱，只愿意主动展示自己认为好的部分，在别人面前证明自己是“完美”的。**张扬与荣耀、理想我有关。**

生命的绽放并非张扬。生命的绽放，始于你对自己的看见。对自己的看见，首先意味着对自己有更加深入的觉察。自我觉察是我们生命状态开始发生转变的第一步。对自己的看见，意味着对自我有更多的承认和接纳，对他人有更多的同理和允许。

有同学分享了自己内在的悲伤，源于面对父母年华老去时的无能为力。某种意义上，我们在生命中面对命运时的无能为力，恰恰是我们的生命成长的开始。正如如果生命可以永恒，时间就失去了意义；如果生命中不曾体验到无能为力，生命的成长也就失去了意义。

承认和接纳，也意味着对自己的肯定。这样我们就会更有勇气去拥抱和接纳生命中因无能为力而产生的焦虑。对自己的看见，会带来对自己的欣赏，以及因自我负责而采取的行动。对自己的看见，也意味着自我疼惜，这是让你的生命之花绽放的基础。

附

我们最深的恐惧

玛丽安娜·威廉森

我们最深的恐惧，并非我们无能为力；
我们最深的恐惧，是我们不可估量的能力；
是我们内心的光明，而非黑暗，使我们惊恐不已。
我们扪心自问，
我是可以聪明、貌美、才华横溢、出类拔萃吗？
难道我们不可以成为这样的人吗？
你是神性的孩子。
你萎缩自己，掩盖自己的光芒，并不会点亮这个世界。
缩小自己在狭窄的世界里，为了消除周围的人的不安，
并无裨益。
我们本应该光芒四射，像孩子们一样，照亮世界。
我们生来就是为了呈现内在已有的神性的荣耀。
这种荣耀的光芒不只在一些人身上；它在每个人身上。
当我们让自己发出光芒，

我们不知不觉中也允许他人去闪耀他们的光芒。

当我们将自己从恐惧中解放，

我们的存在无形中也解放了他人。

3. 走出自我憎恨

在我们每个人成长的过程中，为了让自己的表现合乎自我对理想我的需求，为了达到社会、父母或权威对我们的期待和要求，我们在不断努力向内心那个“完美”的理想我靠近的过程中，不得不忽略甚至抛弃真实我。

而现实我往往与理想我存在巨大的差距，认为自己有负期待而产生自恨；始终觉得自己不够好的内在自我批判、愧疚和负罪感以及害怕被抛弃的恐惧驱使我们在奔向理想我的荣耀之路上更加拼命，逐渐遗弃真实我，产生更多的自我憎恨，在生命中陷入自恨循环。

俗话说：“人生不如意事十之八九。”它表达的就是现实与理想的差距，而这些差距往往会让我们产生自恨。在我们的生命中，总是会遇到很多不如意的事情，这些事情或多或少会给我们的人生带来影响，其中有些事情甚至会成为我们人生中难以跨越的坎，给我们的人生带来巨大的障碍。

前不久的训练中，有一位学员B君向大家分享了他的故事。他其实很年轻，不过从外表看上去老成持重、心事重重。他分享的时候，表情和身体显得有些麻木、僵硬，眼神空洞，感受不到年轻人的朝气和热情。他看上去身体很结实但没有力量。

原本他是一个很阳光、充满自信和激情的小伙子，现在的他仿佛披着沉重的铠甲。看到对方年轻的生命当下如此僵化、缺乏生命力，我内心有些沉重和悲伤。

两年多前的一个深夜，住在他家里的表哥在回家的路上发生车祸离世，这件事情给他带来很大的打击。他一直责怪自己为什么那天晚上没有打电话联系表哥。他想如果自己打电话提醒一下也许就不会发生这个悲剧了。对于表哥的意外，他的内心一直有个声音："都是我的错！"从那以后，他很内疚，一直在自责，内心承受着巨大的痛苦。回家路过表哥原来住的房间，就会有深深的不安和无力感，甚至身体会有些颤抖。从此以后，他越来越控制自己，以弥补自己内在缺乏的安全感，这也给他的事业带来了很大的负面影响。

我还有个朋友H君，今年30岁出头，几年前与相恋多年的女友分手后，就没有再进入相对稳定和长期的情感关系。不是他花心，也不是他不愿意开始新的恋情，而是和一个女孩子交往没多久就会没感觉，最后无疾而终。问题的症结在于，虽然前女友早已成家，但仍然住在他心里，这个位置不腾出来别人是进不去的。

几个月前，在热心朋友的撮合下，他开始和一个女生交往，对方很优秀，他们彼此也有些了解。不过在他们交往了一段时间后，他又进入了原来的怪圈，失去了感觉，还没真正开始就结束了。他告诉我，这个女生在很多方面和他看问题的思路是一样的，两个人的思维方式太相似了会很无聊。他觉得应该找一个思维方式互补的，这样才会有吸引力。

我说，有的人会欣喜于对方与自己的价值观一致，所谓“知音难觅”。我相信即便这个女生和他的思维方式互补，他也能找到其他理由放弃。他承认这已经变成他的一个自动化模式，他总会在潜意识中将遇到的女生和前女友进行对比，然后给自己找一个合理的借口不再继续深入交往。

他心中始终潜藏着自责，认为自己对不起前女友，没能兑现对她的承诺。他始终无法放下，是因为他不肯放过自己。他的体形看上去有些臃肿，好朋友约他一起运动减肥，他没有信心，认为自己很难自律。我对此的解读是，认为自己辜负对方期待的自我认知，导致了他内在对前女友的愧疚以及自恨。这种自恨不断累积，程度不断加深，给他的身体带来了很大的影响，体现在他庞大、臃肿的身材上。缺乏自律，其实可以理解为一种自我放弃或放逐。

和B君一样，自恨带来的影响是身体变得麻木或僵化，和自己内在的感受失去连接，最后会出现身体和心理的症状。比如内在的焦虑、沮丧、不安和恐惧，精神上的空虚感和失落感，更严重的甚至是罪恶感。为了让自己麻木，逃避体验这些感受，往往会对某些物质或行为上瘾，比如酗酒、抽烟等，但是这些上瘾并不能真正地消除内在对自我潜藏的自恨。

我们在生命中之所以放不下，是因为我们不愿意放过，而我们最不愿意放过的往往是自己。让自己身、心、灵重整合一，活出更好的生命状态，唯一的办法就是不再逃避，而是愿意拿出勇气诚实地面对，同时也愿意对自己多一点慈悲，不再自恨，开始学着自我疼惜，这会是生命重新绽放的开始。来吧，**放下**

过去，活在当下，才能更好地走向未来。

4.听见自己的渴望

有一个现象很有意思，很多次我都发现，同一个班来参加学习的同学，他们身上往往会有一个很明显的共同特质，而每个班的共同特质都不同于其他班。就拿某一个班来说，他们大多数人的生命能量都是缩小、压抑的，他们共同的特质就是在关系中选择忽视自己内心的渴望。

阿梅的个子在这个班的同学中算比较高的，她身体结实有力，扎着短马尾，看上去是一个干练的女人。而此刻在大家面前分享的她，眼含泪花，就像一个满腹委屈的小女生。“我觉得他不爱我了。”她难过的情绪中透露出深深的幽怨。

在没有和老公一起创业前，她自己原本有收入不错的生意，那个时候也能感受到老公对自己的重视。后来她放弃自己的生意和老公一起创业，她主内，负责后勤和财会；老公主外，负责业务和市场开拓。几年来企业不断发展，规模越来越大，压力也越来越大。慢慢地两个人越来越缺少沟通，老公在她面前也越来越沉默。

她很想让他像以前一样关注自己，出于对被抛弃的恐惧，在关系中她越来越刻意地讨好对方，有事没事就拉着老公问东问西。但他总是很不耐烦地怼她：“和你说有什么用？你又帮不上什么忙！”她感觉自己越来越被忽视，内心越来越焦虑，有强烈的不安全感。她越是焦虑不安，越想要靠近他，他就越抗拒、烦躁，两个人反而越来越疏远。

小艳与阿梅恰恰相反，她个子瘦小，低眉顺眼，不声不响。一直以来，在关系中她都把自己放在被动的位置，很少主动表达自己的主张，常常忽略自己真实的感受。而小艳的内心是敏感的，这种内外不一致的拉扯让她常常很纠结、压抑，生命的能量消耗在这种矛盾中，使她看上去缺乏生命力。

这种对自我的忽视在她的伴侣关系中尤其明显，进入婚姻关系时她内在的想法就是对方比自己有力量，可以依靠，可以保护自己免受伤害。结婚多年来，“我不够优秀，不够好”，这样的信念让她始终把自己放在一个配角的位置。听她分享与伴侣的互动模式，我仿佛看见一个高高在上、霸道自我的父亲与一个软弱自卑、压抑封闭的女儿，而非平等的夫妻。对她的这种解读，让我感觉内心很沉重。

另一个同学阿祥来参加工作坊的一个主要目的是想变得更加自信，提升自己带领团队的能力。在一次关于团队带领的练习中，他原本想站出来当队长，但因为一起来参加学习的同事先站了出来，于是他放弃了这个想法。原因是，他担心如果自己站出来和同事竞争，会伤害对方。

在平时的工作和生活中，他也有同样的模式，害怕得罪人，很在意别人对自己的看法，总是忽视自己内在的渴望。他常常为了满足别人的需求而放弃自己的主张，即使在他内心有不同的声音。这导致他在工作和生活中越来越不自信。他幼年丧父，从小成长在一个被忽视和轻视对待的环境中，这是他生命中讨好模式的源头。

当我们内在的自我价值低的时候，往往会在潜意识中忽视自己的真实需求，反而越来越在意别人对自己的看法和评价。当自己的想法与别人的想法不同时，我们常常会选择隐藏或放弃自己的主张，附和别人的观点，或者忽视自己的需求，重视别人的需要，把满足别人的需要放在首位，这些都是生命中的讨好模式。

存在讨好模式的人，往往还有另一个习惯，就是不懂得拒绝别人，会在关系中过度承担。就像阿梅，在她的原生家庭关系中，她始终对母亲有一个看法，认为母亲偏心弟弟，比如母亲会为了让弟弟继续上学而终止她的求学之路。后来她一直很努力地在母亲面前证明自己，承担了很多原本应由弟弟承担的责任。

讨好模式的背后往往有一个潜藏的声音——既然我满足了你的需要，你也应当理解并满足我的需求。而当讨好模式不能带来自己期待的结果时，就会带来亲密关系中心理和情感上的伤害，并带来关系中的指责，不是指责对方，就是指责自己。

关系中的讨好无法换取对方对你的尊重。对方之所以轻视或忽视你，是因为你也轻视或忽视自己。轻视或忽视你的源头，恰恰是你自己。当你愿意诚实地面对自己内在的渴望和需求，并对自己的渴望和需求负责时，就表明你开始尊重自己，这时也会得到别人对你的尊重。

5.定义自己（我是谁？）

在信念和价值观的底层，是我们每个人更深层次的对自我生命的渴望，即在自己的生命中期待什么，渴望什么。还有在更深层对自己生命的定义，即我是谁，我的人生使命是什么，我生命存在的价值和意义是什么，生命的本质是什么，我们的本心是什么。

我们所有的自我觉察与觉知，最终不过是为了寻找“我是谁”的答案。我再来给大家举个例子：在转行做培训之前，我在上海做了20年的房地产中介和代理。刚入行时，老板说每个人要有一个英文名字。大家知道上海国际化，我们公司有很多境外客户，他们习惯叫英文名字，我就给自己取了个英文名字——Oscar（奥斯卡）。

为什么叫Oscar（奥斯卡）呢？因为我想做最好的销售，成为Top Sales（顶级销售）！所以，在“我是谁”这个层面，我对自己的定义是，我是一个Top Sales。我渴望什么呢？我渴望成为业绩最好的业务员，渴望有最高的成交纪录，渴望赚很多佣金。我期待什么呢？我期待老板和客户都喜欢我，同事们都愿意与我合作，这样就会有源源不断的单子等着我。我的信念是什么呢？越专业，服务越好，越勤奋，就越容易成功。做人要客气，和气生财。

我的感受是，大多数时候忙碌、踏实，但也会有委屈和压抑，因为要讨好别人，也不能太交心。于是我的自我防卫方式是：忙碌、讨好、掩饰、竞争。请留意，当你有意识地把勤奋当作一种武器，或是一个策略，其实这也是一种防卫。我的行为就是恨不得每天都上班，每天忙着开发房源，带着客户看房源，向老板汇报工作，洽谈业务，和同事竞争，和同行抢单子，但是没时间陪伴家人。

那个时候太太常常说想做一个拇指姑娘，这样就可以待在我的口袋里陪我一整天，看看我是怎样工作的。在那个阶段，我就像一个业务技巧很好的机器人，疏于和家人连接。结果，我在2005年自己创业前基本上都是公司的销售精英。

所以，**你对自己的定义决定了你的人生**。你认为“我是谁”，就会决定你是谁。个人和组织莫不如是。比如一个企业领导者对企业的定义，就会决定这家企业的命运。

2015年之后，我转行成了一名职业培训师，为什么呢？是因为我对自己的定义发生了改变。我在2012年经过深思熟虑，决定重新定义自己，我的选择是，我是一个生命的行者（**我是谁？**），我要成为一名真诚、卓越的领导者和支持者。我渴望让自己的生命活出更大的意义和价值。我期待可以支持更多人的生命觉醒，找到生命的意义和价值，同时经营好亲密关系。我现在的信念是，我要用10年时间，支持1000万人在亲密关系中成长。

我的感受是，很兴奋，很喜悦，充满激情，当然也会有遇到挫折时的失落和挣扎，我选择自我负责。我的行为是线上讲微课、线下带领团体工作坊、写书、在个人公众号发表文章、静心练习和修行。

你对自己的定义，之所以会发生改变，与马斯洛的需求层次理论有关，与超我（每个人的内在神性）的觉醒有关，与理想我有关。在我看来，“我是谁”与理想我有关，但也不局限于理想我。完整的生命应是理想我、现实我和真实我的合一。“我是谁”是一个需要用一生思考的问题，不要执着于现在就找到所谓的终极答案，因为，在你的生命到达终点之前，永远不存在所谓的终极答案。即使有，也往往只是一个幻觉，或者像是一个口号。

我并不是要大家等到垂垂老矣，或是临近生命的毕业典礼才来问自己这个问题。当然如果你那样选择，也不代表你就是错的。只是如果这样，你的人生就缺少了精彩和可能性。

但是当**你开始定义自己是谁，问自己这个问题时，这本身远比你得到一个结果更有意义和价值，因为你开始拓宽自己的生命之路**。以终为始，往往是最有效的。我的建议是，每天问自己正确的问题，做正确的事情，对自己多些慈悲和耐心，假以时日，你会发现你已经得到你想要的答案。

附

我是谁？

王勇刚（Oscar）

曾经，我以为
我是一个国王，
在我的城堡中发号施令，
幻想所有人臣服于我。
到最后，我发现

人们只是在配合着我的剧本演戏。

曾经，我以为
我是一个勇士，
披着厚厚的铠甲，
勇往直前，无坚不摧，
迎接我的都是鲜花和掌声。
到最后，我发现
原来和我战斗的是自己的欲望。

曾经，我认为
我是一位智者，
羽扇轻摇，口吐莲花，
幻想着
自己就是真理和道路。
到最后，我发现
原来我是如此愚蠢可笑。
我一直迷恋的，只不过是
我自己在水中的倒影。

我渴望知道
我到底是谁，
为了寻找那个答案，
我穿行在茂密的丛林，

我潜游在湍急的河流，
我翱翔在广袤的天空，
我潜行在浩瀚的大海。

我看到，
我可以是风，
去吹响成长的号角。
我可以是雨，
去滋润大地万物。
我可以是雷，
去唤醒沉睡的灵魂。
我可以是电，
去撕开浓浓的夜幕。

我可以是鹰，
有扶摇直上九万里的勇气和力量。
我可以是蝴蝶，有徜徉花间的温柔和美丽。
我也可以是一盏灯，
给孤独的旅人陪伴和温暖。

我知道，
我就是我，
那个独一无二的存在。

结语

我们很难对“我是谁”这个问题有一个标准答案，对于真实我的探寻也没有终点。我们对于自我的认知，在不同的时期也许会有不一样的发现，这是因为我们的自我觉察与觉知能力在不同的阶段是有差别的。**我们每个人的生命历程其实是一个不断探索“我是谁”，并向之靠近，最终抵达的过程。**

对于真实我的探寻，需要依靠我们每个人内心的力量，从自己内心的感受出发。在对真实我的探寻路上，我们的心会比大脑更值得信任，这是因为我们的大脑会有很多防卫机制，比如否认、合理化、思考、选择和比较等，这些防卫机制会引导我们进入误区。

我们的心是和感受连接的，因此心是在当下的。我们要做的是多和自己的内心连接，对自己诚实、敞开，聆听内心的声音，身心合一，让我们的心成为自己的主人。唯有这样，我们对于真实我的探寻才会在大道上。

练习

阅读完本章后，请思考以下问题：

（1）在你成长的历程中，你看到自己的理想我是如何塑造出来的？并请描述你的理想我。

（2）当你未能达成理想我时，你对自己的自恨通常会带来哪些负向感受？自恨通常给你的身体和心理带来怎样的影响？

（3）请回答“我是谁”。尽可能多地写下你认为自己是谁，不要给自己设限，听从你内心的声音。

第七章

自我负责

引言

活出真实我绝非完全按照自我感受与意向行事，我们倡导的是既要活出真实我，又要重视自我、他人和环境的整合；既活出真实我，又尊重理想我，接纳现实我，将内在“三我”统整合一。

过分强调自我，忽略他人与环境，可能会演变成极端的利己主义；只看重活出真实我，可能会成为自我放纵最好的借口，且最终往往免不了在亲密关系中陷入受害者心态。因此，我们认为，自我负责是继呈现内在脆弱之后，在亲密关系中唤醒内在力量必不可少的一步。受害者心态与以外在权力的立场和外在世界相处有关，而自我负责归属于内在力量一端。

界限的建立，有助于亲密关系中彼此的自我负责。界限不同于心墙，界限是有弹性的，可以依据自我定位做出调整；心墙是坚固、难以改变，在亲密关系中用来自我防卫的。界限归属于内在力量一端，在关系中声明“我要什么”，意图让对方看清我的位置；心墙归属于外在权力一端，意图在于关系中的掌控。

1. 自我负责与受害者心态

自我负责是一种态度，它意味着带着觉察与觉知在当下做

出选择，并愿意为因此产生的结果负责。自我负责的人，不管面对怎样的状况，内在都是有力量和信心的，不会带着受害者心态。当我们在关系中带着受害者心态时，往往会指责对方。

不可否认的是，我们常常要在人生中面对不尽如人意的局面，这一点毋庸置疑。我见过很多人在人生的逆境中选择奋起，也见过很多人就此消沉，一蹶不振，不一样的选择会带来不一样的人生结果。我经常分享一个理念，**在生命中决定人生结果的往往不是事件本身，而是你选择用来看待这个事件的观点和态度。**这个理念，同样适用于我们的人际关系。

在一次训练中，学员帅帅分享了他的人生故事。他告诉我，在他内心有一个结始终无法解开。自他儿时记事起，父母就时常吵架。为了逃避这种家庭氛围，18岁那年他离开家去当兵。他内心始终对父亲不能原谅，有很强的恨意，从当兵以后10年来他没有喊过父亲一声“爸爸”。他的内在有一股很强的愤怒能量，与父亲关系的僵化、固着，导致这股愤怒的能量始终被压抑。**愤怒的能量如果不能通过在关系中有界限的表达得以释放，就可能转化为暴力伤害对方，或者给自己的身体和心理带来伤害。**

他与父亲的关系，卡在那个18岁的少年身上，面对自己的父亲倔强中带着愤怒。这种卡住的状况给他的人际关系带来很深远的影响，被压抑的愤怒能量由于需要得到释放，在关系中就很容易去往指责他人的位置。首先是与父亲的关系，冷漠、疏远、抗拒靠近。其次是与工作中团队的关系。他已近而立之年，在工作中带领着一个团队，在他带领的团队中很难做到兼收并蓄不同类型的人才。

这种能量卡住的状况也给他的身体带来影响。他从复员以后，在近5年的时间里，很少吃早餐，身体已经在给他发出警告信号。我对此的解读是，这是因为他在潜意识中对自己的批判、指责及惩罚。也许在潜意识中他并不接纳自己对待父亲的方式。因为传统的价值观认为，这样做有悖于孝道。除了愤怒，在他的内在，也会有很多纠结。

还有一位朋友阿海，进入课程的前两天，沉默寡言、眉头紧锁，很沉重、压抑的样子。他是带着事业和情感上的困惑来的，想通过学习得到有效的解决。和帅帅一样，他也当过兵，复员后先从事教育培训，后来又投资做直销，亏了20多万元。后来还通过考试，做过一年多警察，再后来又重新下海。最近的一段情感让他很受伤，认为自己被对方欺骗了。

阿海由于父母婚姻中的问题，从小就在别人的含沙射影中长大。他的内心对成长环境中那些伤害过他的人有一个信念："你们都是坏人！"他内心渴望得到别人的认可，这导致他在情感关系中形成老好人模式。

在和异性交往一段时间后，明明觉得对方和自己不合适，他也不愿意主动提分手，认为这样会伤害别人。这导致他在关系中总是被动、拖延，等待对方提出分手。不能伤害别人的出发点造成的结果是不但伤害了别人，也伤害了自己。老好人的模式，没有原则、立场，没有界限，不只是在情感关系中不断付出代价，还让他在生命中的其他范畴付出代价。

在关系中的指责模式，来源于受害者心态，这是一种典型的自我防卫。这样做是有好处的，比如可以推卸责任，即这个结果都是对方造成的，对方要对这个结果负责任。可以证明自己是对的，对方是错的，自己不需要改变，对方才需要改变。因此，还可以通过这样做来控制对方，要对方满足自己的期待。

不过，有好处的同时，也需要付出代价，最直接的代价就是关系的受损或破裂。带来更深远的影响则是自我内在的固着和僵化，付出自我成长方面的代价，乃至身心健康方面的代价。想让结果不同，让自己的生命状态转变，需要调整的就是从指责——无论是指责别人还是自己——转变为自我负责。

正如训练结束的前一天晚上，帅帅分享自己在前一天晚上终于拨通了父亲的电话，与父亲冰释前嫌。听到他的分享，我们内心都很感动，他展现出来的身体状态不再那么僵硬，多了些柔软和温暖。而阿海，最后一天训练结束上台分享时，他告诉我们接下来要如何走好自己的人生道路，以及接下来他的事业选择。看到他如此自信、坚定，我们都不禁为他鼓掌祝贺。

自我负责，意味着你愿意相信自己是有力量的，能对自己的人生负责，你相信每个当下自己都有选择的自由；你愿意选择用自我负责的心态主动面对，对自己的人生愿景和目标负责。当你愿意自我负责时，你会看到你是有力量的。

我认识一位朋友小李，他在关系中一直有一个固定的模式，就是在关系中和对方关系好的时候，会很愿意为对方付出，帮助对方，丝毫不计较个人得失。可是当两个人关系中有一些问题发生时，他就开始和对方疏远，故意装出无所谓、不在乎的态度。不管心里有多难受，有多渴望关系重新回到正轨，他也不愿意迈出第一步，甚至有的时候会先从关系中离开。这样的模式让他在亲密关系中付出了很大的代价，很多关系因此受损甚至破裂。

原来，在亲密关系中他的焦点始终放在自己的感受上，很多时候任性得像一个孩子。他的内在有强烈的不安全感，这源于他童年成长的经历，父母在婚姻中的关系给他带来了很大的影响，造成内心很强烈的自卑感，他很害怕自己在关系中被对方抛弃。所以一旦在关系中有问题发生，由于害怕被对方抛弃，一方面，他会有很强的控制欲，寄希望于控制给自己带来安全感；另一方面，当觉得局面不受自己掌控时，因为害怕可能会被对方抛弃，他往往会选择主动离开，抛弃对方。

所以，当他不在自我负责的位置时，关系的恢复就寄希望于对方的主动，在潜意识中他觉得自己是无能为力的。只有当他把焦点转移到和对方创造一个怎样的关系时，才会在内在依然有恐惧和不安全感的状态下，放弃控制，敞开自己，与对方建立连接。只有这样才可能真正地做到自我负责，真正地在关系中有力量，创造出自己渴望的结果。

人生中，学会自我负责，就会看到自己在每个当下都有选择的自由，自我负责是人生真正自由的基石。

2. 直面恐惧

最近看了一部电影《海上钢琴师》，这部电影的男主人公“1900”从小就被遗弃在一艘航线横跨大西洋的邮轮“维吉尼亚号”上，被邮轮上的锅炉工抚养长大。非凡的音乐天赋，无师自通且极具感染力的钢琴才华，让他声名鹊起。

然而，他一辈子都没有踏上陆地。邮轮上一次美丽的邂逅让他怦然心动，在爱情魔力的驱使下，他毅然决定冒险下船去体验另一种人生。但他在下船的楼梯上止步，当他凝视眼前无边的都市丛林时，对于未知世界的恐惧战胜了对爱情的向往。

他犹豫良久后，将礼帽抛向半空、决然返身上船的那一刻，我听到自己心中的那一声叹息，感受到一股难以言表的悲伤和失望。从此他再也没有下过船，多年后，他选择和被废弃的“维吉尼亚号”共存亡。这是他的安全岛，是他的全部世界，他和邮轮在一阵阵强烈的爆炸中沉入了大海。

这部电影带给我太多复杂的感受和情感体验，甚至撩动了我很多久远的记忆。恰如“1900”，我们每个人在人生中都要为自己做选择，尤其是在面对恐惧时。我们内在对安全感的需求，总是让我们不愿面对恐惧，迫切地想远离恐惧。因此，我们往往会选择待在舒适区，不愿意冒险和改变。而实际上，舒适区的安全感往往是一种幻觉，可能让我们在生活中付出更大的代价，带来更大的痛苦。

前不久我有一位朋友Lucy向我分享她的迷茫和痛苦，她很不喜欢自己目前的状态。一直以来，她都渴望有一段正常的情感和一个幸福的家庭，可是她现在的男朋友无法给她想要的承诺。她很想从这段关系中离开，也和对方经历过分分合合，却始终难以彻底斩断纠葛。

这与她的成长背景有关。她生长在农村，从小到大重男轻女的成长环境给她带来了非常大的影响。她在潜意识中觉得自己不够好。她对自己的潜在看法让她缺乏自我认同和自我价值，常常会自我否定。她恐惧被抛弃，渴望被爱与安全感。

任何选择都有两面性。纠缠在这段关系中，好处是对方满足了她内在的渴望，她在亲密关系中可以任性，可以不用负责任。代价就是这与她的价值观严重冲突，导致她内在的自我价值匮乏，内在有很多的自我否定和自恨，无法活出她的内在力量，内心总是迷茫、痛苦。

真正勇敢的人并非没有恐惧的人，我们总是会心生恐惧，因此渴求安全感。所谓勇者无惧，指的是**真正的勇敢者愿意面对自己内心的恐惧，并且带着恐惧前行**。就像硬币的另一面，很多时候，内在的恐惧也是一个成长的信号。选择逃避恐惧，我们只会始终在生命中原地踏步，无法前进；选择面对恐惧，你也许就拿到了一把成长的钥匙。**痛苦，往往是成长的必经之路。痛苦，蕴含着成长所需的丰富养料。**

不管我们是否愿意，我们终究要为自己的人生选择负责；与其被动地承担，不如学会自我负责。自我负责意味着，你清楚地知道人生是关于选择的，你明了自己为何做出选择，以及需要为某个选择付出怎样的代价，并且甘愿对这个选择产生的结果负责。人生中最大的疯狂就在于妄想不付出代价就获得回报。

面对恐惧，在做出选择之前，记得和自己确认：“在我的生命中，我真正要的是什么？我的核心价值观是什么？”**当你基于自己的价值观做出选择时，即便依然心存恐惧，你也会看见自**

己内在不断升起的力量与勇气。

3. 摆脱自我防卫的桎梏

我们每个人在生命历程中都会遇到一些“卡点”，这些卡点的存在，导致我们总是在某些方面无法突破，好像总是在原地踏步，陷入瓶颈状态，或者无论怎样努力，兜兜转转又回到了原点。

这种阻滞或固着的状态，往往让我们在生命中体验到挣扎、迷茫，好像落入一张大网或陷入沼泽，无法活出全然的自己。如果在生命中被这些卡点严重影响，就会出现一些神经质的行为，比如莫名的恐惧或焦虑。**根据弗洛伊德的理论，童年的心理创伤通常是一个人在成年后发展出神经功能障碍的主要原因。**

阿芸一直都很抗拒和男性的身体触碰，这导致她在情感关系中很难深入发展，这给她带来很大的困扰。因为很渴望走出困境，她鼓足勇气分享，在她十三四岁时的一个晚上，父亲的一个朋友来家里玩，由于父母当时都不在家，她遭到对方猥亵，在极度的恐惧、惊慌中，她奋力挣脱逃跑。

从那以后，她对男人心存抗拒，潜意识中认为男人不好，开始和男性保持距离，保护自己。成年后，她由于抗拒身体的亲密接触，很难真正地进入情感关系。同时在她的潜意识中，深藏着一个声音，为什么在她身上会发生这样的事情？是不是因为她不够好，她有问题？这给她带来自我怀疑，让她心存羞耻。出于自我防卫的需要，她进而发展出对自己的一个认知，觉得自己比男生厉害，可以不需要男生，以此证明自己是足够好的。

除了童年的创伤，生命历程中的一些重大事件也会给我们的生命带来卡点，即便我们是成年人也同样如此。Lily是一位培训师，她看上去非常精致、高冷，远比实际年龄年轻。在生活中她没有很多的社交活动，交往的朋友基本上都是年轻人，在事业上也一直不温不火，貌似无欲无求。

从课程中的一些即时反应，我观察到实际上她是一个很有力量的女人，她的力量一直被她刻意隐藏。她高冷、精致的外表下，有一颗率真的心，也很喜欢操控。她的人生剧本大致可以分为两个时间段：20岁以前的她，敢于冒险，有一股闯劲，性格率真；20岁以后的她，内在缺乏安全感，包装出一副高冷的形象拒人于千里之外。

在2004年她20岁那年，怀揣1万元人民币的她一个人去广州买鞋进货，在火车站被一个和她年龄相仿的摩托车手载到偏僻的地方持刀抢劫。同年，在她经营的鞋店旁的宾馆发生凶杀案，一个年龄不大的女生见网友被杀害。这两件事情给她带来了巨大的影响，从此她不敢一个人住宾馆，也不敢一个人在家，常常要开着灯才能入睡。

她对热情的异性充满不信任感。“热情、主动的男人都是坏人”这一信念让她对热情、主动的男性望而却步。“外面的世界很危险”导致她潜意识中不愿意交际甚至被动，总是在自我防卫的状态确保自己是安全的。“比我年龄大的人都是阴险的，和他们交往不安全。”这导致她只愿意和年龄比自己小的人来往，觉得这样才有安全感，可以把控局面。

当年选择她老公也仅仅是因为在朋友中只有他没主动追自己，而且内在小男生的性格可以给她控制局面的安全感。但这一点现在给她带来很大的困扰，她现在总抱怨老公不成长，缺乏担当。而事实上，她自己在参加这次学习之前，也一直深陷在自我防卫的模式中。

我们都有自我防卫机制。有自我防卫机制是没有问题的，在我们生命成长的早期有些自我防卫机制是必要的。但是，**自我防卫机制一旦僵化，形成固着，就会有问题，生命就会失去灵活性、弹性和平衡**。就像Susan和Lily，她们都固着在各自的自我防卫状态中，这给她们的生命状态带来很大的限制。

这种固着的结果，就像是把自己紧锁在一个黑暗的城堡中，固然安全，但失去了生命的多姿多彩，生命紧缩，不再绽放。就像刚刚进入工作坊学习时的她们，身体都是紧绷的，特别是Lily，好像她只能展现出自己精致、高冷的一面，虽然美丽却没有热情，缺乏生命力。

在生命的成长过程中，停留在防卫的状态越久，成长遭受的损失就越大。人生是一个不断付出代价、获取价值的过程，因此免不了要付出代价。我们要付出的代价，就是拿出勇气拥抱自己的焦虑和恐惧，愿意冒险走出安全区和舒适圈。

只有愿意走出黑暗的城堡，才能拥抱生命中的阳光。只要愿意对自我生命的成长真正地负责，你就会发现你拥有生命中选择的自由。

4. 自我界限

要在生命中做到自我负责，清晰的自我界限是关键。我在海文学院参加“界限”工作坊学习的时候，Linda老师分享的一句话让我印象深刻，她说：**“我的人生就是一个在不断进行的界限工作坊。”**她说的这句话在我心中产生了深深的共鸣。

2019年10月对于我来说很不一样，我的生活中刚发生了一件与界限有关的事情，我做了一个遵从自己内心的决定，选择结束一段合作关系。世界真是非常奇妙，很多时候你只有经历过才会懂得。我甚至认为，10月发生的事，就是为了让我可以在11月与Linda老师相遇。

界限包含三层意思，分别是身体界限、能量界限和心理界限。身体界限体现在身体的接触层面，我们每个人之间都是存在身体界限的，不同的国家、民族和文化会有不同的表现。比如，在东方，陌生人初次见面，常常会通过握手来表达友好，而在西方，人们则习惯于通过拥抱彼此来传递热情。

我们身体之外还有属于自己的能量磁场，在看不见的能量层面，我们也是有边界的。我们每个人的情绪、感受，也是我们看不见的生命能量的呈现。比如，有的人只要一出现，就很容易吸引别人向他们靠近，能够很容易地让别人感受到他们散发出来的热情、真诚的能量。但有的人，别人唯恐避之不及，总是和他们保持远远的距离，因为他们浑身散发出冷漠、防卫的能量。

在心理界限层面，界限更像一个容器，定义、收纳、包容

了“我是谁”。它是界定“我是谁”的过程，我们可以通过界限来定义“我是谁”。每个人的自我界限，除了通过语言来宣告，也可以通过外在行为、表情、思想、能量和关系来设定。

界限可以通过宣告“我想要什么”和“我不想要什么”，或是选择做什么和不做什么，来定义“我是谁”。它不仅关乎说“不”，也关乎说“是”；更多的是一份内在觉知对“想要”和“不想要”的澄清。界限包括同时定义这两者。

澄清界限是一个复杂的学习过程，有很多不同的维度和层面，人生就是一个在不断进行的界限工作坊。我们在关系中通过清晰的自我定义，让对方了解自己；同样，也可以通过对别人的观察，来看清对方是谁。

设定界限不同于建立心墙，后者是一种自我防卫；真正的界限，柔韧，有力量，充满弹性。而心墙是基于规则、角色和控制而建立的，是僵化、压抑、缺乏弹性和固定不变的屏障。从童年起，为了保护自己的安全，我们每个人在自己的核心区域外砌了一堵心墙。

界限是有弹性的、流动的，因此也是复杂的，是在每个当下去定义的。心墙是固定的、僵化的、缺乏好奇心的，是基于过往经验建立的。建立界限的关键点在于先让自己回到当下。

在关系中的界限，更像两个人相遇的临界面，界限的复杂在于每个人都有自己不同于对方的界限。因为彼此内在有很多思想、感受和情绪在流动，彼此都有自己想要的和不想要的，因此我们既要澄清自己内在的容器，也要了解对方的位置。

界限的建立，是以个人化的核心价值观为基础的，是关于我想要什么和不想要什么的，并非要求对方为我改变什么或做什么，是充满尊重的对话，而非独白。当两个人相遇，选择敞开、分享界限时，就会有对话并建立连接。如果我们筑起心墙，躲在规则或角色后面，掩饰自己内在的脆弱，对方也会很容易筑起一堵墙。

5.坚定地说“不”

在生活中失去自我界限的一个普遍现象，就是在关系中不懂得拒绝，不愿意对别人直接说“不”。很多时候，我们习惯了言不由衷，明明内心很不情愿，也许碍于情面，或是其他的原因。不愿意说“不”，常常会让我们在关系中付出很多代价。

有一次下课后学员阿光送我去高铁站，在路上阿光和我聊到他的近况，他说最近自己很忙，需要亲自处理的事情太多，感觉疲于奔命。聊了一会儿，我告诉他，我听到的关键点是他不懂得拒绝别人。

他说的确如此，就好像他和表哥的关系。有件事情让他很纠结，就是他的表哥总是让他帮忙还信用卡欠款。他和表哥关系很好，一方面，他不好意思拒绝，所以就应承了下来；另一方面，他又不好意思催表哥归还自己垫付的款项，导致帮表哥垫付的钱越来越多。

最近一年多，他已经帮表哥垫付了20多万元信用卡欠款，但表哥并没有要主动还他钱的意思，而且继续让他帮忙还信用卡欠款。目前他自己的公司还处于负债经营状态，再这样下去，说不定会被拖垮，这让他很苦恼。

刚结束的这个工作坊班级中，有一位学员玲姐也在经营自己的生意，让她很苦恼的是团队缺乏执行力。在课堂上她分享后问我该怎么办。我问她是什么原因导致缺乏执行力。她说自己经营的是一家物业管理公司，出于行业的原因，招聘的员工普遍年龄偏大、工资不高。她很担心，如果自己严格管理他们就会离职。

正是因为这个信念，她在平时的工作中总是迁就别人，公司制定的规章制度慢慢就变成了摆设，这就导致团队散漫、低效、缺乏担当，总是把她搞得心力交瘁。面对这样的现状，她内心常常感受到懊悔和委屈。

我在他们两个身上看到同样的模式，就是不懂得拒绝别人，不愿意对别人说“不”。很多人在生活中存在相同的模式，往往宁愿委屈自己，也不愿意对别人说“不”，我称他们为“老好人”。“老好人”模式的人，往往在生活中缺乏坚定的原则和立场。

不懂得拒绝别人，其中一个原因是对对方有一份潜藏的期待。你也可以把它看成一种交易，潜藏的意思是我满足了你的需求，你也应当满足我的需求。就像阿光，之所以会一直替表哥还信用卡欠款，是因为他希望可以利用表哥的资源，在项目中分一杯羹。

我自己也带过团队，我也曾经是个老好人，我猜玲姐可能有一个想法，就是“我都这么迁就你们了，你们也该多为公司出点力吧”，然而，越抗拒越持续，讨好、迁就对方，换来的不是对方的负责，而是使对方越来越放任。

不懂得拒绝别人，还有一个重要的原因是不够自信。我只有满足了你的需求，你才会满足我的需求；如果我不满足你的需求，你就不会满足我的需求。这个信念反映的是对自己的不相信。不相信自己可以对结果负责，把结果实现的希望完全寄托在对方身上。

不懂得拒绝别人，焦点在得到对方对自己的认可，而非表达内在真实的自我。说不，需要你诚实地面对自己内在真实的想法和感受；说不，需要你拿出冒险的勇气去面对内在的焦虑和恐惧；说不，意味着你愿意自我负责；说不，意味着你的自信和成长。

6.放下拯救者身份

界限的意思是指边界，又指事物之间的分界。界限的存在，既确保个体之间可以保持各自的独立性，也能维护整体环境的和谐与平衡。在生活中，我们每个人都渴望拥有自己独立的空间，也是源自对界限的需要，界限可以给我们带来安全感和价值感。

但是，我们常常在生活中无意识地主动打破和别人的界限而不自知。在生活中当你和他人的界限产生混淆或界限消失时，就很容易给彼此带来关系上的困扰。

我们中华民族的文化传统中提倡家族成员间互帮互助，强者要帮扶、照顾弱者，因此往往会模糊和忽略界限，导致一些家庭矛盾，往往事与愿违，给亲密关系带来破坏。

学员Yoyo是整个家族中的顶梁柱，除了要帮助不求上进的弟弟，还要出资给父母开店并资助妹妹做生意。然而，善良的初心并未带给她期待的家族关系，她和妹夫、弟媳的关系都不好。她之所以在和家人的关系中会得到这样的结果，是因为她打破了关系中的界限。无独有偶，这个班我称之为“拯救者班”，很多学员都有类似的情况。他们在事业上比其他家庭成员成功，在家族中扮演着拯救者的角色。

他们往往对家人尽力地提携，出钱、出力不遗余力。可是最后的结果往往让他们很伤心，觉得自己付出得再多，对方都不领情，甚至会做出一些让自己情感上受到伤害的事情。其实，这些都是在关系中打破界限带来的结果。

我开玩笑地对Yoyo说，有没有觉察到你和家人的关系模式就像女皇和子民。在她和家人的关系中，她把自己放在一个拯救者的位置上照顾他们。“授人以鱼，不如授人以渔”，真正的帮助，应该是帮助家人提升能力，而非不断地给予金钱和物质。

生活中很多人对于帮助家人都有一个信念上的盲点，潜意识中认为给钱就是帮助。但那不是真正的帮助，而像是一种施舍，在心理上小看了对方，事实上是把对方当成一个弱者，剥夺了对方成长的机会。

在生活中，有的人总是把自己活成一个拯救者，好像自己无所不能，别人都在等待自己去拯救。**拯救者心态，很多时候来自内在价值感的不足。**当内在价值感不足时，为了增加自己的价值感就会向外求助，比如得到别人的认同或赞美，通过满足别人的需求来体现自己的存在感。

Lisa是一个重情重义的人，为了帮自己的闺密背负了很多债务。她的闺密每次遇到经济上的问题就会找她借钱。尽管闺密已经欠自己很多钱，但是每次只要闺密用人格担保，Lily哪怕自己没钱都会向别人借来给她。

Lisa的老公也不让她省心，总是拿一大堆文件要她签字担保借款。每次她想要拒绝，但一看到他可怜的眼神，听到他恳求的语言，就只能投降。她自己一直活在一种无所不能的幻觉中，有那么多的人需要她去拯救。她看到在自己无所不能的拯救者心态背后，其实是害怕对方不再爱自己，害怕破坏和对方的关系，是自己的低自我价值。

不过，做拯救者是很累的，因为在他们身边生活的大多是弱者。只有当身边的人大多是弱者的时候，拯救者的存在才变得有价值。问题是，当别人对你予取予求的时候，他们还需要成长和自我负责吗？你把自己活成拯救者的同时，也在身边培养了一群可以不用为自己的人生负责的人。

大树的下面，永远不会有大树生长。当每一棵树苗都有足够的空间时，它们才有机会长成参天大树。**保持关系中界限的存在，也是给关系中的其他人一个空间去自我负责**。当你愿意放下拯救者的身份，你身边的人也许就开始学会为自己的人生负起责任。

7. 归于自我中心

我们在前面说过，界限是以个人化的核心价值观为基础的。对于我来说，诚信和尊重是两个很重要的价值观，因此我希望在自己与他人的关系中，彼此是重视承诺并相互尊重的。

我有一个朋友，曾彼此合作一年多，他欠我一些钱，原本在2019年7月就答应还给我。我和他电话沟通过几次，考虑到实际情况，也同意他分期支付，但是他一再食言。春节前约定了时间，他再次食言。我内心很恼火，以致春节期间收到他几次微信问候，我都没有理他。

但是我觉察到自己一直被这件事卡住，想到这件事就不舒服。我觉察到过去几次通话，我也从未向对方表达过我真实的感受，一直习惯扮演谦谦君子的角色。于是前不久我约他电话沟通，在通话前我告诉自己，要让自己敞开、真实。我要坦诚，不要保留；我要真实，不再合理化；我要平等，既不缩小自己，也不放大自己；我要自我负责，不要受害者心态。我沟通的目的，不是去指责对方，而是聆听他真实的想法，也让他知道我真实的想法。

在电话中我先坦诚地告诉他今天通话的意图，并把他再次食言时我的感受和想法告诉了他。我认为他并不在意我对他的善意，也没有尊重我，我内心是很愤怒的。同时我告诉他，我原本计划春节后走司法程序，不过我还是想在做出决定前和他聊一聊，听听他真实的想法。

表达完之后，我也请他分享，聆听并感受他。他也诚实地告诉我目前面临的困难，以及他内心真实的想法。基于他目前的确没有一次性偿还的能力，我们最后达成共识，第二天他给我一个可以做到的还款计划。

第二天我没有收到他的还款计划。我在等了两天之后，给他发了一条微信，没有愤怒也没有指责，我只是告诉他我还没有收到他的还款计划，然后表达我的好奇，问他是什么原因。结果大约10分钟之后，他发给我一个详细的还款计划，并解释这两天忙着跑业务给耽误了。

我过去在界限被逾越时，很喜欢合理化地选择接受现状，或者愤怒地指责对方，但不管是哪种选择，我内心都会很难受。而且，合理化只会带来更多的合理化，并不断缩小自己。指责，会引发对抗，导致关系受损。**合理化也好，指责也罢，本质上都是在自己和对方之间筑起心墙，并非通过界限与对方接触，而是运用自我防卫机制确保自己安全或控制对方。**最近这两次的沟通，我做到真实和敞开，并清晰地告诉对方我想要什么和我不想要什么；同时，我也愿意放下自我防卫，聆听对方的想法和感受，我的内心感觉很平和。

在关系中表达界限未必可以产生自己期待的结果，而且就我个人的体验，当我在关系中面临冲突，需要声明个人界限时，内心通常会感受到紧张，需要拿出勇气来面对。**不过，带着勇气做出这样的选择，这个行为本身会比最终的结果更有意义，因为这是一个自我负责的选择。**

当然，我们难免对结果有所期待，但并非总会发生自己期待的结果。然而，让对方了解你的界限的过程，本身就是赋予你力量的过程，需要你对自己诚实，忠实于自己的内在，不再让自己被缩小、被弱化或忽略，即便对方因此离开，至少你也没有抛弃自己，你是身心合一的。

清晰的界限并不意味着生活中所有的问题会消失，但是，清晰的界限会让你的内在清明、澄澈。你内在的容器扩大，更加柔韧、富有弹性，这是界限建立的终极意义。

在现实生活中，做界限设定时，我们面对挫败，往往会陷入情绪中。真正的挑战，是如何面对挫败而不被情绪湮没，这也许是声明个人界限的一个意义。因为当我们这样做的时候，我们最终拓宽的是自己的生命之路。

结语

自我负责与承担责任不同。自我负责是一种主动的、积极的心态，承担责任更多的是一种被动承担的行为和状态。自我负责，往往是基于愿景和目标做出选择，拥有自由选择的力量。承担责任，往往是基于当下的结果区分对错。因此，在亲密关系中彼此的自我负责，将为关系的发展创造更多的可能性。如果在亲密关系中彼此要求承担责任，就常常至少有一方会成为受害者。

一个愿意自我负责的人，是不会在亲密关系中逃避承担责任的；一个愿意承担责任的人，未必能做到自我负责，而往往可能囿于社会规则、道德规条或社会角色；一个愿意自我负责的人，愿意在亲密关系中向对方敞开分享，并邀请对方一起学习如何自我负责。而一个人如果出于其他原因愿意承担责任，在关系中并不能让对方学会自我负责，反而容易助长对方推卸责任，导致最终成为亲密关系中的受害者。

要在生活中区分界限与心墙并不容易，有时我以为自己在表达界限，在表达的是“我想要什么”和“我不想要什么”，但是往往会不自觉地变成“我要你怎样”和“我不要你怎样”，这事实上不是在表达界限，而是在关系中建立心墙。对方接收到的不是敞开、分享，而是要求和控制。界限是关于自己的，而不是别人要如何根据我的要求做出改变，这样其实否定了对方拥有自由选择的权利。

界限与心墙没有好坏对错，它们在生活中都是需要的，心墙在关系中也有其存在的意义和价值。比如我们需要在关系中设立底线，底线就是心墙，是牢不可破的，一旦设定就需要用行动来维护。比如，如果在伴侣关系中你不能接受对方出轨的行为，假设这是你在伴侣关系中的底线，你需要明确地告知对方如果触碰这条底线你将会采取怎样的行动，并在需要时通过行动切实地维护它。否则，对方可能会无视你的界限，而这也意味着你对自己选择了放弃。

界限的存在，确保我们可以在关系中相互看见对方是谁，为我们彼此之间的连接提供一座桥梁，而心墙则是关系之桥两端的基座。在关系中，从界限到心墙需要一个过渡阶段，才不至于显得太突兀。

练习

阅读完本章后，请思考以下问题：

（1）你看到自己过往在哪些亲密关系中，没有在自我负责的位置，反而更多地让自己停留在受害者的位置？请注意，即使是承担责任，也可能在受害者的位置。

（2）这导致你在和对方的关系中存在怎样的相处模式？背后隐藏的好处是什么？同时让你付出了什么代价？

（3）如果自我负责，你能从这些亲密关系中学习到什么？对自己有什么发现与洞见？

（4）你看到自己的核心价值观是什么？请写下3—5项。请注意，核心价值观是不可动摇的，甚至是你愿意用自己的生命去守护的。

（5）如果要在你的亲密关系中表达界限，在这段关系中，你想要什么，不想要什么？如果界限被逾越，你会采取哪些行动来维护自己的界限？

第八章

好奇心与幽默感

引言

我们之所以在关系中很难走出权力争夺期，是因为我们在权力争夺期大多数时候聚焦于证明自己才是对的，并期待对方为自己做出改变。在关系中的自以为是和理所当然让我们失去了好奇心，并忽略了一个关键点：**彼此之间存在的差异恰恰为我们打开了一个相互增进了解的通道。**

我们渴望自己是完美的，因此我们在关系中往往羞于承认、接纳自己是不完美的，因为我们认为“完美”才值得对方爱护，不完美就不够好，不够好对方就会离开。而事实上，我们每个人都是不完美的，我们每个人都有各种各样的不足。在我看来，让自己具有好奇心和幽默感比“完美”更重要。

1.关于好奇心

好奇心是指个体在遇到新奇的事物或处在新的外界条件下所产生的注意、操作、提问的心理倾向。好奇心是个体学习的一个内在动机，也是个体寻求知识的一个动力。

在关系中的好奇心，更多地体现为对关系中其他人在每一个当下所发生的，包括对方的言语、行为等外在表现，均可视为全新的。这一点在关系中的作用非常重要，因为这代表我们在关系中不会被过往的认知（包括对他人的成见）所限制。

我们在关系中的结果受自己认知的影响，而我们的认知建立在每个人的背景基础上。我们在前面的章节中谈到过成见，成见也是我们对过往经验的总结而得出的认知。我们在关系中如果缺乏好奇心，就很容易用过往的成见来解读当下。

这也是一种认知上的固着和僵化，往往会带来认知的盲点，会在关系中产生卡点，导致关系僵化或受损。当然，认知上的盲点也属于信念盲点。有一次在训练课程结束的毕业典礼上发生的一幕让我很感动，兄弟俩抱头痛哭，40多岁的人哭得像两个孩子。他们都是我的学员，哥哥比弟弟先来几期，这次的学习是哥哥推荐弟弟过来的，他们的关系在过去很多年非常冷漠。

这次来学习，弟弟终于感受到哥哥对自己的关爱，流着泪拥抱哥哥，说20多年来直到现在才发现原来哥哥是爱自己的。这么多年来，他一直憋着一口气想超过哥哥，证明自己比哥哥强。把哥哥当作自己的对手，潜意识中忽略了兄弟情，这种情景令人不胜唏嘘。

这一切源于他从小到大潜意识中的信念。一直以来他认为因为自己不如哥哥，所以父母不爱自己。他潜意识中认为，“父母不爱我”“我只有比哥哥优秀，父母才会爱我”。另外，在和哥哥的关系中，弟弟对哥哥抱有很深的成见，认为哥哥一直在父母面前证明他比自己强。

这么多年来这些信念一直没有改变，为了得到自己内心渴望的父母的爱，他总是要和哥哥比高下、争输赢。这些年在这样的模式驱动下，只要觉得哪个行业有机会，能够快速发展超过哥哥，他就莫名地想换行业。因为他把焦点放在超过哥哥上，而非如何踏踏实实地经营好自己现有的生意，因此往往把一手好牌打烂。同时，出于成见，哥哥向他伸出援手也都被他拒绝。所以这么多年来，他和哥哥的关系总是在权力争夺和冷漠之间摆荡。

在关系中，我们常常会陷入权力争夺，乃至进入关系的偏离状态，大多都是从关系中彼此缺乏好奇心开始的。这是因为在我们的心智模式中，很多时候存在一个盲点，即总认为自己才是对的，总认为对方应该如自己所想，因此有很多自动化反应和理所当然，而且喜欢收集证据，来证明自己是对的。

好奇心则是从权力争夺期进入整合期的催化剂。因为好奇心的存在，在关系中彼此的差异才会被看见，方能对彼此有更多的了解。比如我对太太有一个成见，我总是认为她想控制我。因此，当我在和她的关系中失去当下的觉察与觉知时，我就会自动化地抗拒、指责她。

我过去对太太还有一个很深的成见，认为她对我的家人不够公平，不如对她的家人那般好。因此，在对待家人方面，我很敏感，只要捕捉到任何不够公平的对待，就会引发我的愤怒。为此，太太过去常说我身上插满了天线。

我在生活中可以收集到很多证据来证明我对她的看法是对的，而我是多么正确，多么公平。我给她起的那些外号，比如“谭老大”“谭有理”，都是由此而来的。关于我对她的成见引发的故事，我在“放下成见与期待”这一节中有很多描述，就不再赘言了。而事实上，在我们的亲密关系中，太太才是更有好奇心和包容心的那个人，也是拥有更多家庭智慧的那个人。

要让自己有好奇心，就要把关系中每个当下的发生视为全新的故事，这样就不会进入旧的剧情中。如果发现自己又被旧的故事情节所影响，记得及时对自己喊停，然后开始真正的对话，而非评判或独白。

当然，我知道这并不容易，时至今日，我也很容易在亲密关系中失去自己的好奇心，越是亲近的关系越是如此。但是只要坚持这样做，假以时日你就会发现自己在别人眼中是一个很有好奇心的人。

一个在关系中不太有好奇心的人，通常对自己也缺乏好奇心。这样的人往往活在自己的自动化反应中，被自己固着的心智模式所限制，在生活中缺乏弹性，容易活在一个僵化的模式中。这样的人往往认为在自己的世界中所有发生的都是理所当然的，会缺乏感受力、可能性和创新力。有的人则会表现为，在关系中以自我为中心。我过去很多年就活在这样的状态中，自以为是，对自己和身边的人缺少关怀。

对自己好奇的人，就像拿到一把通向自我成长的钥匙。**好奇心还是从麻木混沌向自我觉察与觉知转化的催化剂**。我们开启对自己的好奇心时，对外部世界的好奇心也将打开。

当我开始对自己拥有更多的好奇心时，一方面，我对自己的感受有了更多的觉察与觉知，我开始发现自己的信念与价值观，探索到更深层次的期待与渴望，在不断探求“我是谁”的过程中越来越接近自己的核心，拥有更多由心而发的内在力量和更高的自我价值。当我们改变的力量开始由内在核心引发时，往往相较于以往更容易取得优秀的表现。

另一方面，保持好奇心，面对关系中彼此的差异，能够更加中立、客观，不会被自己的解读和情绪所限制，不再物化彼此。对方能感受到被看见与理解，更容易在关系中产生同理心和建立连接。

2. 关于幽默感

我认为，幽默感是一种个体呈现出来的能够让人会心一笑的感觉和状态。幽默感可以在关系中带来亲切和快乐，一个具有幽默感的人往往让人很愿意靠近。我们都不是完美的个体，很多人总是竭力用盔甲和面具防卫，生怕被别人看到自己不够好的一面。而有的人愿意承认、接纳自己不够好的一面，并且敢于自嘲，这样的人往往能表现出幽默感。

一个敢于自嘲的人，其实透露的是他骨子里的自信和勇气；一个敢于自嘲的人，反而表现出让人愿意靠近的幽默感。

一个敢于自嘲的人，需要诚实面对的勇气。金无足赤，人无完人，这个世界上反对你的人可能比赞同你的人多。这也意味着在别人的非议面前，你得站直了，不能像缩头乌龟一样假装看不见、听不到，更没有必要为证明自己不是这样的人而宣泄怒火。

一个敢于自嘲的人，意味着已经承认、接纳自己的不足，在内心深处和自己的不足和解，不再为此纠结、压抑内在的能量。这意味着他不会让自己活在别人的评判中，不会因别人的言语让自己受到伤害。就像我一样，别人拿我的身高、体形说事，都不会影响到我的心情。

一个敢于自嘲的人，在生活中往往也是一个开朗、乐观的人。在他的字典里，没有什么是不可能的，只有愿不愿意。只要他认准了要做的事，基本上就没有做不成的。一个敢于自嘲的人，常常是自带能量的，失败和抑郁在他面前，只有绕道走的份。

自嘲，不是自我批判和自我否定，而是一种人生智慧。这是自我负责的负向表达，是另一种自我疼惜和疗愈。这意味着自我觉察和成长，也是一种高级的幽默感。

在权力争夺期的幽默感更是难能可贵。幽默感不是讨好，不是对他人的嘲笑。**幽默感是权力争夺期的调压器，能够适当降低关系给彼此带来的压力，并让你开始放下自我防卫。**我的内心其实很敏感，我太太对我有个形象的比喻，说我是一个浑身插满天线的人。因为彼此很熟悉，我对她也有很多成见，往往会把自己对她的成见当成事实，然后产生负向感受，进而带来情绪，产生自动化反应。

由于我很容易愤怒，因此我也时常自嘲身体里住着一头愤怒的公牛。读大学的时候，我是芝加哥公牛队和乔丹的忠实拥趸。有好几次觉察到自己的情绪之后，我主动对太太说“刚才我的天线又升起来了”，或者“刚刚公牛又跑出来了”。当我这样做的时候，气氛往往不再充满针尖对麦芒的味道。然后我会主动分享我的感受、想法和意图，也会请她分享，在彼此表达和核对的过程中我们不断朝更亲密的关系迈进。

很多时候，我们习惯于直接告诉对方，你刚才做错了，你这样做是不对的。这样的沟通方式很容易在关系中引发对方的防卫或对抗，然后双方往往就会陷入正方选手和反方选手的辩论大赛，关系中开始充满火药味。这个时候，充满幽默感的自嘲，会是一个不错的选择。

就像有时候虽然我的出发点是好的，但是我的方式不能被太太接受。正如前文“觉察关系中的习惯和模式”这一节中，分享我和太太之间的故事，她的化骨绵掌将我的抱怨化于无形。她有时微笑着对我说：“谢谢你用这样的方式来表达爱我。”当我听到她这样的表达时，我会更愿意回观自己，去觉察当下我的内在发生了什么。

我们很多人其实并不擅长表达自己的负向感受，对于负向反馈也不习惯，缺乏给对方负向反馈的勇气。幽默感能让我们放下对负向反馈的防卫。

结语

我们都不是完美的，这意味着我们都有不足，也都可能会犯错。正如天空中的雪花没有一片是相同的，我们每个人也都与众不同。如果我们总是从自以为是的角度看待对方，看到的会是缺陷与错误。

好奇心和幽默感，就像我们在关系中的一双翅膀。它有助于我们更快地走出权力争夺期的沼泽，不至于深陷其中，蹉跎岁月，辜负韶华。好奇心和幽默感也需要用心练习。请记住，熟能生巧。

练习

阅读完本章后，请思考以下问题：

（1）你认为自己在亲密关系中缺乏好奇心的原因是什么？因此给亲密关系带来了什么影响？

（2）如果你对对方有一个负向反馈，请写下来。然后问问自己，怎样表达会更有幽默感？试试看，直到你会心一笑。

（3）请你写下对自己的一个诚实的负向反馈，然后问问自己，怎样表达会更有幽默感？来吧，试着自嘲一下。

第九章

抉择与规律

引言

“我这样爱你到底对不对，这问题问得我自己好累……”陈淑桦的这首《这样爱你对不对》在百转千回中，传递着对情感关系现状的迷茫、纠结、挣扎与痛苦，这些感受、情绪和我们接下来要谈的内容有关，就是面对这样的困境，我们该如何做出抉择呢？

我们在亲密关系中的结果，与我们在关系中的心智模式有关。如果我们的心智模式没有改变，在关系中的结果就不会有本质上的改变。很多时候我们会在关系中深陷泥潭，怎么都走不出来，或者好像在关系中总是原地踏步，无法突破瓶颈。我把这种现象称为不断重复的剧情，意思是总会在关系中发生相似的故事桥段。有时候即使关系的对象换成另一个人，在上一段关系中发生过的故事场景依然会重现。

1. 重复的剧情

接下来我通过一个案例来说明，很多人在亲密关系中总是会不断重复相同的剧情。我的朋友Susan，她很独立、能干、热情大方，在同性和异性朋友中人缘都很好，但她总会在和伴侣的关系中出现问题导致关系触礁。

她从小就和父亲的关系很不好，一直以来她都认为父亲是一个不顾家、不负责任的男人，记忆中总是母亲一个人支撑着整个家庭的画面。因此，她很渴望在伴侣关系中得到对方的协助，但总是事与愿违，在和伴侣的关系中，她一再面临同样的问题。

她和前夫离婚就是因为前夫在关系中总是做甩手掌柜，不但把家庭、孩子的事情统统丢给她，而且在她和婆婆之间产生矛盾时，他也总是站在自己母亲一边，无条件地听从母亲的话，是个“妈宝男”。

她选择和前夫分手，后来又进入了新的伴侣关系。但剧情总是兜兜转转，在她和现男友的关系中，又面临着同样的问题，对方总是在最需要出力的时候，在她最渴望有人可以分担的时候缺席。她很苦闷，为什么她的伴侣总是靠不住？

很多伴侣在权力争夺期遇到挑战后会选择分离，然后进入下一段关系，但在下一段关系中他们可能还是会遇到同样的挑战，接着又面临分离的结局。有的伴侣即便没有选择分离，也会进入一种彼此封闭、孤立、冷漠以对的状态。他们在伴侣关系中总是会不断重复同样的剧情，就像有的人在情感关系中总是会遇到很渣的人，受到伤害。

但是分离并不能真正解决问题，在关系中选择分离的出发点，往往是希望轻松解脱，以逃避面对自己的人生功课。但你要知道，**在一段关系中没有学会的功课，你在下一段关系中依然要去面对。**所以，另一个选择是在当前的伴侣关系中学习如何处理好问题，否则，同样的模式往往会在下一段伴侣关系中再次出现。

2. 该如何选择？

当我们在关系中面临困境和挑战时，我们至少有4个选项：改变对方，维持现状，分离和自我成长。这些选择没有对错好坏之分，只是每个选择都会有它的好处，也有相应需要付出的代价。你看到自己过往在关系中面临困境与挑战时，通常会做怎样的选择呢？你是基于怎样的出发点来做选择的呢？这样做，你付出了怎样的代价呢？

要求对方改变，或者改变对方，是寄希望于对方的改变可以带来关系的不同，背后的潜台词是："今天关系中的这个结果，都是你的错""只要你改变了，关系就会变好""我已经很好了，是你不够好""我是对的，你是错的"……这实际上是推卸责任，也是一种关系中的控制，往往会激发关系中的权力争夺，导致对方的抗拒和愤怒，在关系中产生指责、责备的行为和受害者的情绪。你在亲密关系中是否存在这个模式呢？坦白地讲，这也是我在关系中的一个主要防卫模式。

当我们发现改变对方毫无实际效果，反而在关系中产生更多的"战争"时，为了不让自己面临更大的痛苦，可能会选择息事宁人，得过且过。既然对方不愿意满足自己的期待，不如降低期待，换取平静。可是维持现状并没有真正地解决问题，未解决的问题就像隐藏的定时炸弹，不知何时会爆炸，以致带来更大的权力争夺风暴。或者像是冰川下的暗河，表面毫无声息，内在却翻涌奔腾。在冷漠的外表下暗藏着极大的不甘心，导致在关系中产生更多的内耗和纠结。你是否在亲密关系中也存在这样的模式呢？

分离，表面上从一段关系无休止的痛苦的权力争夺期中解脱，但是如果不能从这段关系中得到学习和总结，而是带着受害者的心态离开，就会带着在这段关系中未处理的人生功课进入下一段关系，接下来又将面临同样的功课，重复同样的剧情。以前在农村有个说法，叫作“鬼打墙”，我也用这个词来形容总是在关系中遇到同样的问题。

既然改变不了对方，不如选择改变自己。我们没有办法改变对方，但我们可以通过持续的成长去影响对方。通过不断地让自己成长和改变，对对方有更多的同理心与好奇心，让自己在关系中拥有一个更大的容器。承认并接纳对方和自己的不同，并愿意敞开自己内在的脆弱，分享感受，试图与对方建立更深层的连接，这反而能引发、感召对方看到共同的亲密关系愿景，并愿意基于共同的愿景主动选择改变。

当然这个选择未必能让你渴望的结果发生，不过不同于其他选择的是，即使结果不如预期，你的内心也不会再受伤，你会收获内心的平和与力量。你对自己会有更清楚的认知，会更懂得要对自己的人生负责，也能把未来掌握在自己手中。

很多人之所以选择逃避这些困境，其实是在逃避面对自己人生中的功课，以为不去面对，或者从关系中离开，自己人生的功课就会消失，但这只是一种幻觉。请记住，在一段关系里没有学会的功课，你在下一段关系中仍然要面对。

在关系中没有捷径，只有不同的选择。一个人真正的成熟，在于对当下的每个选择都能带着觉察与觉知，并且承认这是自己的选择，愿意采取行动并接纳因此产生的结果，这才是真正意义上的自我负责。

3. 亲密关系的发展规律

亲密关系是所有关系中最主要、最核心的关系，我们对亲密关系的定义基于关系的品质，而与关系性质、状态无关，与传统社会规则和道德准则中的关系远近无关，与关系中是否存在性无关。无论是同性之间还是异性之间，在一段关系中，如果彼此愿意选择向对方敞开心扉，就可能发展成亲密关系。

在我们每个人完整的关系花园中，应该包括和自己的关系，和他人的关系以及和环境的关系。而在和他人的关系中，有一种关系非常重要，那就是和伴侣的关系。

婚姻关系在我们的生命中非常重要，当我们与母体分离后，我们就仿佛被宿命安排，踏上一条在生命中不断寻求和经验合一的道路。而事实上，婚姻关系是我们每个人的生命在经验完整合一的过程中必不可少的一步，也是我们发展亲密关系最好的舞台。

无论是婚姻关系，与父母、孩子的关系，还是其他人际关系，包括与合作伙伴、同性和异性朋友的关系，都存在一些规律性的东西，比如亲密关系的五个发展阶段。正如海文学院两位创始人黄焕祥和麦基卓谈道：**“在任何关系中，只要存在善意、意愿和耐心，就可以完整经历关系发展的五个阶段。”**这五个阶段分别是关系中的浪漫期、权力争夺期、整合期、承诺期和共同创造期。

这个概念最早由苏珊·坎贝尔在《伴侣的旅程》中提出，海文学院的两位创始人黄焕祥和麦基卓在此基础上加以发展，他们在《懂得爱：在亲密关系中成长》一书中对此有详细的阐述。他们认为这五个阶段是一个循环发展、螺旋上升的周期，每一次循环会带来更多的经验和更大的自由，生命、能量和关系逐步向上螺旋发展，扩展到更大的空间。（如下图所示）这个循环周期适用于所有的关系，当然也适用于亲密关系。

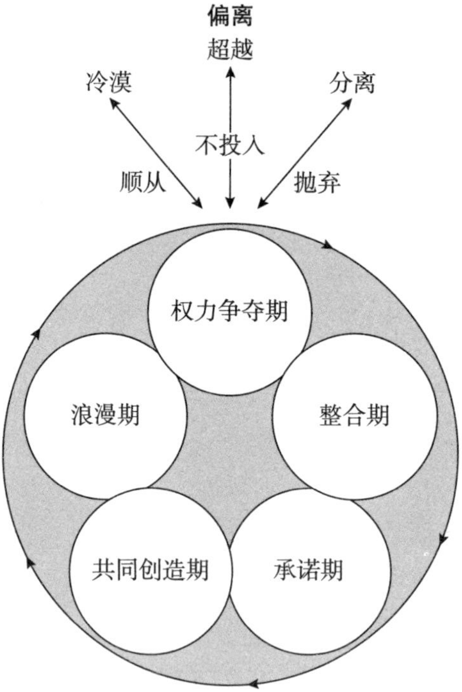

亲密关系的五个发展阶段

（出自黄焕祥、麦基卓所著《懂得爱：在亲密关系中成长》一书）

（1）关系发展的浪漫期

我们来看看关系发展周期的第一个阶段——浪漫期，你认为浪漫是什么呢？你在感情关系中体验过浪漫的感觉吗？你还记得浪漫的感觉是怎样的吗？如果你手边正好有纸和笔，请你把对浪漫的看法，以及浪漫带给你的感受写下来。

浪漫（romantic），意指富有诗意，充满幻想。我理解的浪漫，是因面对或想象特定的人、事、物或场景，而在内心体验到如愉悦、感动、甜蜜、温暖等的感觉。

在我和妻子迄今为止32年的情感中，我们之间发生过很多浪漫的事。我一直记得1995年夏天，我们高中毕业就要离开母校，各奔前程。那年暑假后，我就将远赴上海求学，高考结束后就没再见过她，我很思念她。那个时候还没有移动电话，家里大多没有固定电话，最常用的联络方式就是写信。

我用零花钱买了一串紫色的风铃，准备送给她。从我家到她家，要转两次车，花两个半小时左右的时间。在那之前，我这个农村孩子从来没有单独出过远门。我还记得，当年那个怀揣着象征爱与思念的风铃的小男生，一路上都在幻想当她收到这个礼物时会是怎样的心情。我的内心在不断地颤抖，我的脸因兴奋而滚烫，我感觉整个世界都那么美好，整个人沉浸在激动、喜悦的浪漫感觉中。

我之前从来没有去过她家，只知道大概的方位，还是找一个认识她家的同学帮忙，我终于找到了她家。我一个人远远地躲在她家门口，一直看着她的家门，期待看到她的倩影出现，同时又很害怕她父母看见我。就这样，我带着强烈的因期盼产生的激动、兴奋，和因害怕产生的恐慌。我感觉那天中午时间好像停止了一样，我好像等了很久很久。

终于看到她出门了，我悄悄地跟在她后面喊她，我一直记得她发现是我时的惊喜表情。她收到风铃的那一刻很欢喜，我也无比欢喜地傻傻地笑着看着她，心里好像吃了蜜糖一样，无比甜蜜、满足。

读大学的时候，我在上海，她在南昌。对于我来说最浪漫的时刻，就是每周坐在校园维多利亚风格铜灯下的石凳上，给她写下一封封热烈的表达思念的情书。最兴奋的时刻就是收到她的回信，一个人找个地方然后迫不及待地拆开并品味她回应给我的相思之情。

要知道任何关系最初的浪漫期都有想象的成分，在这个阶段充满了幻想，彼此之间并不真正了解，对对方抱有许多希望、期待和幻想。这个时期是关系中最刺激的时刻，充满新奇、能量、激情、活力和可能性。

但是由于不真正了解彼此，只能依靠直觉和经验，将关系建立在相互投射的完美伴侣的形象上。这时没有真正建立人和人的关系，而是和彼此的形象建立关系。因此，只是沉迷于彼此的形象，但缺乏真正的共鸣与亲密，以及对彼此真实的个人特质的了解。在关系中的浪漫期，我们在彼此面前竭力讨好对方，想让对方看到自己展现出来的“完美”形象。

我觉得她简直就是我心中的女神，她是那样完美，长发飘飘，轻灵飘逸，声音温柔，巧笑嫣然，明眸善睐，端庄大方……我无可救药地沉溺在爱的激情中。我也竭力在她面前展现我的闪光点，我的正直热情、专一执着、儒雅温暖。我用漂亮的航空信封和邮票发出一封封滚烫的情书，让她知道我是多么爱她。

我们总是试图在关系中满足自己更深层次的动机，这是与他人连接的基本驱动力。海文学院创始人黄焕祥和麦基卓认为，浪漫期的根源来自与母体分离的婴儿的不安全感，婴儿渴望得到保护和安全感。我们的第一次浪漫期发生在婴儿时期，对象是我们的父母或保护者，孩童为了避免被遗弃会讨好父母或保护者。因此浪漫期背后的主题，是外界有人可以保护我、帮助我、拯救我。

讨好的主题是一个我们持续一生的基本生存模式。我们在学生时代讨好师长和权威，成年后讨好伴侣和配偶，老年时讨好子女。讨好模式背后的意图是寻找可依赖的对象，消除内在的不安全感。浪漫期其实包含许多控制，希望借助别人来改变，以减少生命的不安全感，缺少对自我的接纳和通过努力改变自己的精神。而最终的结果，往往是希望越大，失望越大。

我们在伴侣关系的浪漫期，往往会呈现出一种“白痴”状态，会因刻意取悦对方而做出一些平日理性时不可能去做的事情。有很多人会在一段关系分离之后，无比懊悔，自责不已，怪自己当初怎么就瞎了眼，等等。你在关系中有过类似的状态和心态吗？

但是，**不可否认，关系中的浪漫期其实是所有的关系发展阶段中，最令人感觉沉醉、迷人的阶段，也是充满一切可能性和美好想象的阶段**。如果你愿意的话，请你花些时间记录一下，在你和你的伴侣之间，发生过的哪些事情是你觉得浪漫的？当初你和对方进入伴侣关系，是因为对方符合你哪些方面的想象？对方有哪些优点和品质是你欣赏的？

（2）关系发展的权力争夺期

生活不只有诗和远方，也不会一直风花雪月，再令人迷醉的激情终究有退潮的时刻。浪漫期对伴侣的想象就像新娘头上美丽的盖头，总是要被掀开的。在关系中，当有足够的相处时间和经验时，就会开始看见真实的彼此。当所有的真实不断呈现在眼前时，不够美好的现实与最初完美的幻想就会不断发生摩擦、碰撞与冲突，这样就进入了关系中的权力争夺期。

在这里，权力是指利用别人来满足自己的能力，在这个阶段，我们往往试图控制和改变对方，以要求对方符合我们心目中投射的“完美”形象，以满足我们内在隐藏的更深层次的需求，比如安全感。

权力争夺的背后包含着对他人和自己的期望，我们总是幻想对方和自己想象的一样，或者和自己内在期待的一样。然而，不可避免的是，我们开始慢慢地发现原来对方和我们存在如此多的不同。我们开始看见彼此的差异，却不愿意承认、接纳这些差异。我们不是真的想要了解对方，而是希望对方可以改变来符合被投射的形象。**在亲密关系中彼此存在期望本身没有对错，但是当我们试图用期望来控制对方时，就会在关系中产生越来越多的问题和困难。**

权力争夺期开始时，还是比较温和的、有耐心的、愿意顾及对方感受的，但是当发现自以为善意的出发点没有得到对方改变的回报与预期的重视后，行为就会由劝告、请求或提醒开始升级，逐步演变至发牢骚、抱怨、指责和命令，在亲密关系中带来控制和冲突。

我和太太在婚姻关系中也经历过很痛苦的权力争夺期，在本书的序言中我分享过这一段经历，我也曾一度对婚姻失去信心，那段时间在我眼中太太就是一个挑剔的女人，我认为她简直不可理喻，我都已经为她和家庭付出了这么多，还要我怎么做？我都已经做得这么好了，还要我怎么样？但我没有看见，我对她同样有那么多抱怨、挑剔和指责，而且我在亲密关系中越来越缺乏耐心，很容易愤怒，爆发情绪。

很多伴侣在婚姻关系中始终无法走出权力争夺期，持续多年不断上演冲突和相互控制的游戏。关系周期中的权力争夺期是无法避免的，权力争夺是新秩序建立之前必经的混乱，所谓“不破不立”。由于在冲突中可以看见彼此的差异，因此如果双方的出发点不是控制和改变对方，就可以更深刻地认识自己和对方。权力争夺本身不是问题，权力争夺背后的自以为是和理所当然的态度，才会在关系中产生问题。

（3）关系发展中的偏离状态——冷漠、超越和分离

如果不能承认、接纳彼此之间的差异，就很难在关系中跳出对与错的范畴，无法真正离开权力争夺的战场。这样不但无法进入关系发展的下一个阶段——整合期，而且可能被带入关系中的偏离状态——冷漠、超越和分离。

通过放弃和对方的关系走出权力争夺期，而非开始承认、接纳彼此的差异，进入下一段关系，这种选择我们称为分离。一般从关系中分离后，一方会选择寻找另一个人开始进入新的浪漫期而再度进入关系的循环；也有人会选择复合，和同一个对象重新展开浪漫期。

理想的分离结果是再见亦是朋友，彼此挥挥手不带走一片云彩。但是大多数伴侣在分离时，并不能平静地结束关系。往往彼此还带着未处理的伤口离开，内心痛苦、内疚、愤怒、怨恨，带着受害者的心态。如果只是盲目地幻想寻找新的浪漫期来缓和痛苦，那么这样的美梦注定会破灭。

在上一段关系中没有处理的问题，一定会在下一段关系中出现。如果没有在上一段关系中得到学习和总结，就无法更好地认识自己，在新的关系中不会发生更深的自我觉察与觉知，还会复制同样的模式，把冲突带入下一段关系。

有一句话常常被拿来形容关系中的冷漠状态，叫作“住在同一个屋檐下的两个陌生人”，彼此虽然熟悉却不亲密，尽管还在关系中，但缺乏连接。经过浪漫期的痴言痴语，走过权力争夺期的冷言冷语，来到了冷漠状态的不言不语。

经过混乱、痛苦的权力争夺期，当试图控制、改变对方的希望和努力落空之后，虽然基于种种现实的考量（比如财产、子女）仍然维持在关系中，但是在放弃争执的同时也选择向对方关闭自己。在关系中彼此失去了活力、爱和热情，只是平静地扮演着各自的角色，维持着关系的表面形式。

在关系中彼此也失去了好奇心与觉察。冷漠的关系中会失去幽默感，会消沉、沮丧，或是借助药物和酒精让自己麻木，或者沉迷于工作，不想回家。封闭自我，不太注意自己的感受，感情麻木，筑起心墙，不再接触自我和他人。冷漠的关系，容易导致抑郁、过敏、上瘾、麻木、疲倦、烦闷、慢性疲劳等。

而超越意味着完全脱离现实生活，把兴趣转移到精神生活，不投入人际关系的互动。超越状态中的人认为心灵世界比现实关系更重要，否认关系和伴侣的重要性，往往在关系中把自己放在比对方高出一筹的位置。要脱离冷漠或超越状态，就需要在关系中重新进入权力争夺期，回到关系发展周期中。

权力争夺期并非关系的末日，权力争夺期是进入关系发展周期下一个阶段的必经之路，在关系中存在权力争夺期没有问题，想要在关系中避免权力争夺期才是最大的问题，因为那只是镜花水月般的幻觉而已。

（4）关系发展的整合期、承诺期和共同创造期

前面我们谈到关系发展周期的前两个阶段——浪漫期和权力争夺期，接下来我们要谈的是第三个到第五个阶段——整合期、承诺期和共同创造期。

如果伴侣在权力争夺期没有进入关系发展的偏离状态，能够在权力争夺期带来的痛苦中开始思考在彼此的关系中什么才是重要的，就会使他们开始从过往的美梦中回到当下的现实。

只有彼此愿意重新审视关系的现状和愿景，才能学会带着自我觉察与觉知，重新以更接纳的眼光和心胸看待彼此，同时放下过往控制和改变对方的意图，这样就可以进入关系中的下

一个阶段——整合期。

在整合期彼此依然会存在浪漫和权力争夺的部分，但不会深陷其中。对彼此的态度开始转变，不再争辩谁对谁错，并接纳彼此之间的差异；在关系中不再评判、控制、挑剔、指责对方，而是开始以真诚和好奇倾听对方。好奇心是从权力争夺期进入整合期的关键，有了好奇，对彼此的感觉会更敏锐，更能觉察在关系中当下发生的事。

彼此承认、接纳差异，在整合期会有更多的幽默感和轻松感，会对自己和对方诚实，也更愿意对自己的感受负责，愿意分享更多的内心世界，会在亲密关系中感受到温暖、靠近、坦诚和自由，也会为关系带来更高的接纳度和亲密感。

当伴侣越来越了解和接纳彼此，经过整合期之后就会进入关系周期的下一个阶段——承诺期。黄焕祥和麦基卓认为，其实在关系的每个阶段都会有承诺，浪漫期的承诺常常是梦想和理想，承诺去热爱、尊敬、服从一个自己不了解的人。其实浪漫期的伴侣需要的承诺是彼此有足够的时间相互了解。在权力争夺期，通常会在潜意识中承诺自己要赢过对方。其实权力争夺期的伴侣应承诺彼此同在，一起面对和处理冲突。如果不同在，就可能进入冷漠、超越或分离的偏离状态。

承诺期的伴侣彼此愿意向对方敞开自己的内心，分享自己的想法和感受，他们彼此非常了解，共同投入，承诺的内容不是浪漫期的幻想或权力争夺期的义务，而是彼此有自由的选择，这并非对对方而是对自己做出的坚定承诺。

关系周期的最后阶段是共同创造期。经过整合期与承诺期，由于信任彼此的承诺，双方能够真诚合作。无论在一起选择什么事情，都会成为一个共同创造的过程。

在共同创造期彼此拥有充分的自由，生命充满可能性，彼此能欣然接受新的想法，保持开放，重返浪漫期。接着双方很快会进入新的权力争夺期而有进一步的学习，并能很快进入新的整合期，不断增加对自己和对方的了解，然后进入新的承诺期和共同创造期。

由于在之前的阶段经过学习累积了很多经验，接下来新的关系发展周期是立体的螺旋发展，拓展生命，拥有更多的创造力。

结语

任何关系，包括亲密关系在内，有五个循环上升的发展阶段，分别是关系中的浪漫期、权力争夺期、整合期、承诺期和共同创造期。关系的发展周期首先从浪漫期开始，这个时期的特点是充满想象、缺少经验；随后是权力争夺期，这个时期的特点是混乱；接下来是整合期，这个时期的特点是更加了解彼此；然后是承诺期，特点是彼此愿意共同投入活动；最后是共同创造期，特点是充满创意。

以上文字的核心内容摘自黄焕祥、麦基卓合著的《懂得爱：在亲密关系中成长》一书，有兴趣更深入地了解和学习这部分内容的朋友可以从《懂得爱：在亲密关系中成长》中得到更为丰沛的营养和更多的智慧。

练习

阅读完本章后，请思考以下问题：

（1）你看到自己在伴侣关系中进入权力争夺期的原因是什么？

（2）在你和伴侣权力争夺的背后，是你对对方的期待吗？当对方未能满足你的期待时，你有哪些自动化反应行为和模式？你这样做的目的是什么？你为此付出了哪些代价？

（3）你对于自己和伴侣的关系，有什么新的洞见吗？在和伴侣的关系中，你对自己的承诺是什么？

（4）你发现自己和伴侣在哪些方面可以共同创造？

后　记

很多时候，我们会有一种错觉，认为在生活中会发生些什么仿佛是冥冥之中注定的。我们总是会感觉身不由己，被生活的洪流裹挟着向前，在命运的转轮前我们是那么渺小无力，好像不管自己怎样努力都难以挣脱命运的枷锁。人生的剧本和角色貌似已经编排、分工好了，我们唯一能做的就是在生活的舞台上被动地配合演出。

但事实上，我们可以改写自己的人生剧本，可以重新定义自己的人生角色，可以做自己命运的主人。你需要做的是唤醒你本自具足的内在力量。在本书中我为大家详细阐述了借由在亲密关系中的成长，唤醒我们被忽略和遗忘的内在力量的四个步骤：当下的自我觉察与觉知，承认与接纳，呈现内在脆弱，自我负责的心态与行动。

要唤醒内在力量，成为自己生命的主人，当下的自我觉察与觉知是关键性的第一步。这是因为我们自己才是一切的源头，我们所处的外在世界所发生的种种，都是受我们每个人的心智模式和信念系统影响的。它们就像是一颗树种中的基因，基因不改变，树的品种就不会改变。因此，当下的自我觉察与觉知的意义在于能够帮助我们洞见自己心智模式中核心的信念系统，并学会转化自己的信念，就像是在改变种子中的基因。

信念，指的是你相信的观点和看法，包括你的价值观、人生观和世界观。你相信什么，往往就会看到什么，在你的生命中也会发生什么。我们每个人潜意识中的信念源于个人过去经验形成的背景，包括我们的成长经历，接受的文化教育和宗教信仰，生活的族群或社群的价值观，过往发生的重大事件，等等。我们进入每一个新的情境中，总是会带着自己的背景，并让背景影响当下的情境，这就是生命中的自动化反应状态。

我们在生命中的大多数时候是处在自动化反应状态中而不自知的，因此我们对影响自己人生的核心信念系统往往是缺少觉知的，除非我们开始自我成长的学习，向内探索。因为对核心信念失去觉察与觉知，所以我们会觉得在人生的痛苦中不管自己如何努力，好像总是在原地踏步。要发生真正的改变，唯有转化信念。

在一次线下团体工作坊的学习中，学员Rose通过探索发现，童年经历导致她潜意识中认为："我是残缺的，是不完美的，配不上美好的事物。"这个信念导致她在过往的生命中总会不自觉地进入一种模式，即当她在一个环境中工作、生活一段时间后，总是会毫无缘由地重新换一个工作和环境，并和原有的关系切断联系，突然消失。这个模式一直伴随她很多年，导致她在生活中总是要不断地重新开始。

承认与接纳意味着不再抗拒。没有人是完美的，我们无须在生命中苛求完美，但是我们可以活出自己的完整与真实。越抗拒就可能越持续，你害怕面对的事，往往就真的会发生。就像心理学上有一个著名的实验，你越是拼命告诉自己“我不要看见那头粉红色的小象”，粉红色的小象就越会清晰地浮现在你眼前。你越是告诉自己“我不要成为精神残缺的人”“我不要去想我不配”，残缺和不配就会深埋在你心底成为噩梦。

当你愿意承认与接纳时，你将会拥有冒险的勇气，呈现内在脆弱。在工作坊中我带领Rose做了一个与父母之间的完形练习。如果你在当下缺乏足够的勇气面对对方敞开自己，呈现内在脆弱，工作坊中的完形练习可以帮助你建立信心和勇气。有时候不能操之过急，需要一步一步来。承认与接纳不是关乎对方，它的意义在于与自己过往生命中的阴影和解。过往的阴影背景不再成为吞噬自己的黑洞和深渊，而是成为滋养生命的沃土。

自我负责的心态和行动无疑是关键一环，就像足球比赛中的临门一脚，如果缺失这一步将是不完整的。如果不踏出这一步，你仍然会停留在生命的舒适区，即使这个舒适区看上去比过往大不少。踏出这一步意味着你愿意在亲密关系中选择冒险，挺身向前。只有这样，我们才能相遇。自我负责的心态和行动未必可以产生我们期待的结果，它更大的意义在于你有勇气活出自己，你选择对自己的生命负责，选择把生命的主动权掌握在自己手中。

在工作坊中初次见面，Rose留给我的印象是僵化、坚硬的，感觉很冷漠、有距离感。她是一个有力量的女人，但那是一种冰冷的、尖锐的、让人不舒服的力量。当她愿意转化信念，并且相信“我是美好的，我值得拥有一切”时，她开始呈现出内在的柔软与温暖，我感觉自己是愿意和她靠近的。我鼓励她接下来可以挺身向前，和父母做一些深入的沟通，去厘清她那些核心信念形成的背景是不是自己虚构的故事。

前不久我们三个好朋友聚会，分享最近一两年各自生命中的际遇。Yuki是职场精英，最近一年猝不及防地被生活迎头暴击，在家庭和事业上遇到很大的挑战。她半年多前体检还发生误诊乌龙，在焦灼等待复诊结果的过程中，感觉自己在生与死的边缘走了一遭。而这段特殊时光，让她有机会对自己生命的内在做出更加深入的探索。

她发现这么多年来潜意识中一直有一个关于“越挫越勇”的信念，这个信念好像是她生命剧本的主题，不断在生活中给她制造各种挫折。正是这个底层信念，以及随之而来的信念转化，使她接下来的生活发生了很大的改变。她选择相信，“生活并不是逆流而上的，她可以体验在顺流中的感觉。在人生中轻松创造是可能的，轻松地获得成功也是可能的”。

“当我的信念发生转化以后，我发现人生变得好玩了！”的确，此刻的她像一位在生命的河流中“乘风破浪的姐姐”，言语欢快，轻松中充满喜悦和力量，摆脱了隐忍与沉重，与我一年多前见到的她判若两人。

巧合的是，我们三个人过往在生活中都是追求效率和结果的人。我曾经形容自己像是一只勤快的小松鼠，不断在生活中追寻属于我的松果。我还是一个喜欢挑战的人，大学学的是化工专业，毕业后从事的是房地产销售工作。在房地产居间和代理行业创业10年后，我转型成为一名个人成长团体工作坊训练师。

我在潜意识中认为，人生是需要价值和意义的，这是我潜意识里的信念。因此，过去这么多年，我总是在生活中孜孜不倦地追求价值和意义。同时，我在潜意识中把自己生命中拥有更好的结果与价值和意义等同起来。一旦我认为自己在生命中止步不前就会很焦虑、痛苦，所以我需要让自己不断地奔跑，总是忙忙碌碌，无法放松。

“我不需要用更好的结果来证明自己的价值和意义。我的存在本身就是有价值和意义的。”当我一念及此，即便是在这新冠肺炎疫情期间，我也不再焦虑，能感受到内心的笃定与力量。我依然会选择去实现理想我，但在奔向理想我的道路上，驱动力不再是“我不够好，我不够有价值，我的生命不够有意义”的恐惧，而是被我唤醒的内在力量。

我们通过对背景的探索寻找潜意识底层的信念，我们会看到很多画面或线索，我们往往以为这些回忆是真实的。然而，在当下出现的回忆，更可能是我们的头脑为自己编写的生命故事。如果我们愿意拿出勇气冒险去核实，我们也许会惊讶地发现，那些只不过是儿时的我们对过去情境的诠释，是我们为自己杜撰的剧本。

我相信，回到过去，探索旧有信念形成的意义，不在于寻找所谓的真相，而在于可以让我们更好地活在当下，然后带着觉察与觉知，为自己重新做信念的选择。唯有觉察与觉知在潜意识底层的关于自我生命剧本的信念，并开始选择转化它们，我们才能真正成为自己生命的主人。

最近一年，我一直在南京带领“唤醒内在力量”线下团体工作坊。如果你有意向通过线下工作坊的学习实现自我成长，或是学习如何更好地经营亲密关系，可以通过添加我的个人微信公众号“oscarwang”和个人视频号“Oscar奥斯卡老师”，咨询工作坊开班信息。最后分享一首我写的小诗给大家：

扬升

相上着相皆幻影，
法外求法终泡沫。
镜花水月失本心，
觉悟行证离娑婆。

祝福我们每个人都可以不断唤醒内在力量，真正成为自己生命的主人。